ACCESO GRATIS *a la Lectura en la Nube*

Para visualizar el libro electrónico en la nube de lectura envíe junto a su nombre y apellidos una fotografía del código de barras situado en la contraportada del libro y otra del ticket de compra a la dirección:

ebooktirant@tirant.com

En un máximo de 72 horas laborables le enviaremos el código de acceso con sus instrucciones.

AF276463

El planeta Cuba

Breve historia de una revolución
a la deriva, 1953-2025

El planeta Cuba

Breve historia de una revolución a la deriva, 1953-2025

Joan del Alcàzar
Sergio López Rivero

tirant humanidades
Valencia, 2026

En caso de erratas y actualizaciones, la Editorial Tirant Humanidades publicará la pertinente corrección en la página web www.tirant.com.

Director de la colección Ágora
JOAN ROMERO GONZÁLEZ

© Joan del Alcàzar
Sergio López Rivero

© TIRANT HUMANIDADES
EDITA: TIRANT HUMANIDADES
C/ Artes Gráficas, 14 - 46010 - Valencia
TELFS.: 96/361 00 48 - 50
FAX: 96/369 41 51
Email: tlb@tirant.com
www.tirant.com
Librería virtual: www.tirant.es
DEPÓSITO LEGAL: V-4811-2025
ISBN: 978-84-1081-788-3
MAQUETA: Innovatext

Si tiene alguna queja o sugerencia, envíenos un mail a: *atencioncliente@tirant.com*. En caso de no ser atendida su sugerencia, por favor, lea en *www.tirant.net/index.php/empresa/politicas-de-empresa* nuestro procedimiento de quejas.

Responsabilidad Social Corporativa:
http://www.tirant.net/Docs/RSCTirant.pdf

Índice

Introducción

Este no es un libro de historia en el senti-do más convencional, pero sí es un libro escri-to por dos historiadores profesionales: uno que lo fue de la Universidad de La Habana, y otro que todavía lo es, de la *Universitat de València*. Ambos hemos publicado, juntos y por separado, diversos libros y artículos en los que el objeto de estudio es la Cuba posterior a 1959.

Pero Cuba y su historia no ha sido ni es sim-plemente un objeto académico, es una realidad política, ideológica y social que nos interesa como historiadores y como demócratas militan-tes; y conectamos ese interés con la libertad y con la calidad de vida y trabajo de las perso-nas, con sus déficits y con sus esperanzas, con su lucha por un futuro mejor para la que otrora llamaron *La Perla de las Antillas*. Por ello el lector encontrará en estas páginas no solo análisis histórico, sino también la voluntad de proyectar ese conocimiento hacia el futuro de la isla.

En este texto daremos protagonismo a los actores de aquella revolución de los años cincuenta del siglo pasado, pero también a los que llamamos *Hijos* de aquella revolución, los que no fueron combatientes, pero trabajaron en la construcción de la Cuba socialista, y también —y muy especialmente— a los *Nietos* de aquella revolución, los nacidos en los años postsoviéticos, a partir de 1985, que fue el de la llegada de Mijail Gorbachov a la dirección del PCUS. Estamos seguros de que estos últimos son quienes van a definir y construir el futuro de Cuba.

Como profesionales que hemos dedicado toda (López Rivero) o buena parte (Alcàzar Garrido) de nuestra vida académica a la historia reciente de Cuba, nos interpelan los usos políticos y partidarios que se hacen de aquella revolución verde olivo de la que hoy no quedan más que los rescoldos o, quizá, simplemente las cenizas. Esos usos y abusos que siguen cargando de ideología, a favor y en contra, el conocimiento de un proceso histórico de la relevancia y la transcendencia de aquella revolución que abrió una nueva época en la América Latina, están anclados tanto en la mitificación como en el desconocimiento de lo que ha sido el fenómeno que podemos llamar *castrismo*.

Singularmente las izquierdas sociológicas españolas tienen una larga historia de solidaridad con la Revolución Cubana, vista por muchos como un símbolo de resistencia contra el imperialismo y un modelo de justicia social.

Dentro de la izquierda partidaria española surge, de tanto en tanto, un debate sobre la mejor manera de proyectar solidaridad efectiva hacia Cuba. Algunos abogan por lazos económicos y diplomáticos de apoyo más estrechos, mientras que otros enfatizan la importancia de promover los derechos humanos y la democracia en aquel país.

España es un socio comercial importante para Cuba, con empresas que invierten en sectores clave como el turismo y mantiene plenas relaciones diplomáticas con ella. Paralelamente, desde las instancias progresistas se aboga por el diálogo y el compromiso como una forma de abordar las preocupaciones sobre los derechos humanos y fomentar la reforma política, aunque surgen discrepancias en torno a la falta de respuestas efectivas del gobierno de La Habana.

Puede concluirse pues qué, en líneas generales, la sociedad española mantiene una relación compleja con Cuba. Si bien existe una solidaridad histórica también hay un deseo de promover la democracia y los derechos humanos en la isla. El enfoque mayoritario es de compromiso y diálogo, equilibrando el apoyo al pueblo cubano con las preocupaciones sobre la gobernanza.

No obstante, en el escenario público, el debate gira con frecuencia en torno a si el régimen cubano es o no una dictadura. Partidarios y detractores del sistema castrista parecen estar más preocupados por satisfacer a sus respectivas parroquias que por conocer y comprender lo que está pasando en aquella isla antillana.

Sí, rotundamente sí, dicen desde las derechas; no, no lo es, dicen desde una cierta izquierda; no, no es una democracia porque Estados Unidos asfixia al país, apuntan terceros también desde coordenadas progresistas. Un debate pobre, desde luego; pero, y eso es peor, una controversia inútil, que no sirve para nada bueno para nadie, ni aquí ni en Cuba.

Desde posiciones académicas no hay discusión. Se tienen bien definidos los parámetros que conforman un sistema democrático, cumplidos los cuales se podrá hablar después de la mayor o menor calidad de este.

Cuba no lo es. Cuba se sustenta en un sistema político de partido único, el Partido Comunista, PCC; en un país en el que cualquier tipo de organización cívica, social o sindical está subordinada a ese partido. Hay comicios, pero no son competitivos. Se elige entre candidatos designados por el Partido, pero sin programas alternativos ni competencia entre ellos. No existen las libertades individuales básicas ni se respetan los derechos humanos más elementales. No hay subordinación del poder militar al civil, en la medida que el gobierno del país es una especie de coalición entre el PCC y las Fuerzas Armadas Revolucionarias (FAR). Es decir, se puede y se debe afirmar que Cuba es, sin duda alguna, una dictadura. Deberíamos hacer, no obstante, algo más que un debate puramente nominalista.

De las opciones políticas conservadores se puede entender que cualquier opción política más o menos emparentada con conceptos tales como comunismo, o marxismo, que cuestione la propiedad privada, es anatema. Está en la naturaleza de las cosas. Que Franco nunca rompiera relaciones con Cuba, que Manuel Fraga se hiciera queimadas con Fidel Castro se acepta, pero poco más de lo que pueda venir de aquella pequeña isla caribeña.

Más sorprendente, sin embargo, resulta la respuesta de —al menos— una parte de las izquierdas. La cuestión a debate entre la gente progresista no debiera ser la de qué etiqueta se le adjudica al régimen castrista, sino más bien cuál es la verdadera realidad actual y qué futuro aguarda a los cubanos. ¿Intentar mantener contra viento y marea una revolución que hace ya mucho está fracasada económica y socialmente? ¿Promover una dinámica de transición hacia un sistema democrático convencional, de la mejor calidad posible? En última instancia, la pregunta central podría ser: ¿cómo se explica que el sueño de los jóvenes cubanos actuales sea emigrar, huir, a donde sea?

Cuba es un país que lleva sesenta y cinco años sin más discurso público que el oficialista, que emana de la cúpula del Partido Comunista. No hay sociedad civil organizada, estructurada, más allá de los límites y condiciones establecidas por el Gobierno. No hay asociaciones de defensa de derechos y libertades. Ni siquiera de los laborales, porque el sindicato oficial es una simple prolongación del partido. No hay cultura democrática, si por tal entendemos que los ciudadanos estén habituados a que los diferendos o los conflictos se puedan resolver con negociación y pacto, o mediante el ejercicio del voto. No hay prensa, ni radio, ni televisión al margen de las gubernamentales, y solo funcionan algunos medios extremadamente precarios, que sufren persecución y censura, en el interior de la isla.

No es, hay que reconocerlo, un contexto propicio para la convivencia de los habitantes del país. Tanto más porque el régimen castrista entiende que hay cubanos buenos, los que lo apoyan, y cubanos malos, los que no lo hacen o lo critican, a quienes llama estúpidos, mercenarios o delincuentes. ¿En este escenario, es imaginable un pacto interno para una transición democrática a corto plazo? Rotundamente, no. Conviene, además, distinguir entre transición y democratización. La primera precede a la segunda, y se inicia cuando actores políticos importantes comienzan a trabajar por democratizar un sistema político dictatorial. No parece que ese proceso esté en marcha en Cuba.

Antes de ponernos a imaginar qué se puede hacer, es necesario conocer las claves de la realidad política cubana actual. Una de ellas es qué valor se le otorga desde el régimen a la democracia, y cuál pudiera ser su posición ante una eventual, hipotética, transición.

Las líneas maestras del régimen castrista respecto a la democracia representativa han estado definidas desde siempre, y su máximo dirigente las expuso en múltiples ocasiones. Un ejemplo señero lo encontramos en un discurso del propio Fidel Castro en Santiago de Chile, en noviembre de 1971:

> "En nuestro país las decisiones fundamentales no se discuten en un Parlamento. ¡No! Pero se discuten en los centros de trabajo, se discuten en las organizaciones de masas (…) Ya en nuestro país cualquier ley importante que tiene que ver con los intereses fundamentales del pueblo la discuten millones de personas (…) Díganme ahora que el parlamentarismo burgués es más democrático que eso, díganme (…) El pueblo no necesita quienes lo representen, porque el pueblo se representa a sí mismo El pueblo no necesita quienes tomen decisiones por él. El pueblo toma decisiones por sí mismo".

Resulta sorprendente constatar que todavía hoy, más de cincuenta años después, —en

Cuba, en América Latina y en mucha menor medida en España— esta fabulación interesada siga teniendo adeptos. Hace años que defendemos la idea de que los juicios, las valoraciones y los posicionamientos sobre Cuba y su régimen dependen en buena medida de dónde se hacen estos. No es lo mismo opinar sobre el sistema cubano desde una favela brasileña o un ranchito venezolano que hacerlo desde los condominios protegidos por muros y alambradas electrificadas de muchas grandes ciudades del subcontinente.

Hay, además, países que tienen grupos sociales y políticos con una historicidad en sus relaciones con el régimen político cubano que los hace más sensibles y próximos, más por razones afectivas que políticas en muchos casos. Es el caso de las izquierdas del Cono Sur, buena parte de cuyos exiliados encontraron cobijo en Cuba o, a través ella, en países del campo soviético.

Es por todo ello que la posición de la izquierda latinoamericana con respecto a la Cuba actual es muy plural, si bien se pueden identificar algunos puntos en común y algunas divergencias.

Entre los primeros debemos citar el rechazo al embargo estadounidense: la gran mayoría de las fuerzas de izquierda en América Latina condenan enérgicamente el embargo económico impuesto por Estados Unidos a Cuba, considerándolo con razón una violación del derecho internacional y un obstáculo para el desarrollo del país. Existe una solidaridad histórica con la Revolución Cubana y sus logros en materia de salud, educación y justicia social, aunque cada día más marchitos. Muchos sectores de la izquierda latinoamericana ven a Cuba como un símbolo de resistencia frente al imperialismo estadounidense. De forma genérica y poco crítica la izquierda latinoamericana defiende el derecho de Cuba a elegir su propio modelo político y económico, sin injerencias externas… pero sin preguntar a los propios ciudadanos cubanos.

Por lo que hace a las divergencias, son crecientes las críticas al modelo político cubano. Algunos sectores de la izquierda latinoamericana, especialmente los más cercanos a la socialdemocracia, critican el modelo por su falta de pluralismo democrático, por las restricciones a las libertades individuales y por la implacable represión de la disidencia.

Las tímidas y contradictorias reformas económicas implementadas en Cuba en los últimos años, que han introducido ciertos elementos de mercado en la economía planificada, generan debate dentro de la izquierda latinoamericana. Algunos las ven como un retroceso del socialismo, mientras que otros las consideran necesarias para garantizar la supervivencia del régimen. La crisis económica que atraviesa Cuba desde el llamado "Período Especial en Tiempo de Paz" de los años noventa, agravada por la pandemia de 2020 y el endurecimiento del embargo, ha generado diferentes reacciones dentro de la izquierda latinoamericana. Algunos gobiernos y partidos han brindado un apoyo incondicional al gobierno cubano, mientras que otros han llamado a la apertura política y a la profundización de las reformas económicas.

En el escenario actual, con estos antecedentes, los internos y los del marco internacional, conectados a la concepción de la forma de organización política de la sociedad en la que han vivido y viven millones de ciudadanos cubanos, imaginar una transición democrática a corto plazo es más un deseo que una posibilidad real. En Cuba el Estado está en quiebra económica, pero es efectivo y potente como maquinaria de control político y social, y la alianza entre el PCC y las FAR es, hoy por hoy, sólida y funcional. Además, existe una tupida red de espionaje y delación interna —que pasa en primera instancia por los Comités de Defensa de la Revolución (CDR)— que diversos especialistas consideran más efectiva que la antigua *Stasi*, la policía política de la antigua República Democrática Alemana, RDA.

Con extensiones por la izquierda y la derecha de la política, la oposición al régimen castrista está atomizada, tanto la interna como la que opera desde fuera, y no genera esperanzas de avanzar hacia la unidad de sus diversos sectores. La política de Obama pareció abrir una gran ventana a los cambios, pero el régimen de La Habana —siempre soberbio y obstinado— no aprovechó la coyuntura y, además, pronto llegó Donald Trump y recrudeció la política exterior norteamericana hacia su pequeño vecino antillano.

El embargo estadounidense perjudica al régimen cubano, pero al precio de degradar al máximo imaginable las condiciones de vida de la mayoría de la población. Además, paradójicamente, refuerza al gobierno que lleva más de sesenta años culpando a ese embargo de todos y cada uno de los males que padece el país, sin asumir responsabilidad alguna por sus errores y su incompetencia.

Según la responsable de Amnistía Internacional (AI) para las Américas, "aunque el embargo de Estados Unidos ha tenido un impacto económico y social sobre la isla, el argumento de culpar a estas sanciones por los problemas cubanos es 'obsoleto'". Recuerda la alta funcionaria de AI que la isla tiene lazos estrechos de cooperación y de comercio con países europeos y que, de hecho, Estados Unidos es el principal exportador de alimentos y medicamentos a Cuba.

Desde la honestidad intelectual como principio básico, nos gustaría que estas páginas contribuyeran al mejor conocimiento de la historia de Cuba de las últimas seis décadas y media y que, desde la comprensión, se ayudara modular la opinión de las personas interesadas en la realidad de aquel país. Nos satisface pensar que ayudaríamos así a deshacer el entuerto y, sobre todo, a facilitar el camino hacia una mejora en el proyecto de vida de todos los cubanos.

1. Un planeta y tres sistemas solares

Este libro arrancó de una anécdota que, en principio, puede parecer ligera pero que no lo es en absoluto. En mayo de 2013, una joven profesora cubana, historiadora de formación, llegó a la *Universitat de València* invitada a realizar una estancia temporal. Era una mujer política y familiarmente identificada absolutamente con el régimen castrista. La joven, en sus primeros días en nuestra ciudad apenas podía dormir, pegada a la pantalla del ordenador que se le había facilitado, víctima del vértigo y el deseo de saber que le provocaba el poder acceder a tanta y tanta información de todo tipo como estaba a su alcance. Pasada apenas una semana, al ser presentada a un colega, afirmó: – "Mucho gusto. Vengo del planeta Cuba".

Entendemos que esa frase de la joven profesora encierra en sí misma un discurso complejo sobre aquel país antillano que, durante los años sesenta del siglo pasado, concitó la atención del mundo gracias a una revolución que no parecía asemejarse a ninguna de las que se habían conocido.

No obstante, Cuba y su sistema político, anacrónico y fracasado en cuanto a sus objetivos fundacionales desde hace más de cuatro décadas, como sentenciara hace algunos años Marifeli Pérez-Stable, resiste en un escenario internacional de alta polarización entre los países centrales del sistema capitalista y lo que hoy conocemos como el Sur Global. Sus buenas conexiones con Rusia y, muy especialmente, con China, han dado aire al régimen de La Habana, más en el escenario internacional que dentro de la isla, donde los apagones, las carencias de todo tipo y las cifras de emigrantes son inocultables.

Puede afirmarse pues que el peso geopolítico de Cuba es hoy en día modesto, pero todavía se sostiene en buena medida por su simbolismo histórico de rebeldía, por la rotunda y asimétrica enemistad de Washington, por su activa diplomacia internacional, por su capacidad de negar lo evidente dentro y fuera de Cuba, y por el apoyo político y económico de China y Rusia.

Si aceptamos la metáfora de nuestra joven amiga, podríamos decir que Cuba es un planeta que, por tercera vez en su historia reciente, cambió de sistema solar. La primera, cuando se integró en el soviético; la segunda cuando se quedó aislada en una órbita alejada de todos tras la desintegración de la URSS, una soledad parcialmente aliviada tras la llegada al poder del bolivarianismo venezolano, mientras Caracas pudo permitírselo; la tercera, la actual, cuando Cuba se ha instalado en el campo gravitatorio de ese Sur Global que vertebra el eje Pekín-Moscú.

Desde el 1 de enero de 2025 Cuba se ha incorporado a los BRICS+ como país asociado, junto a Argelia, Bielorrusia, Bolivia, Indonesia, Kazajistán, Malasia, Nigeria, Tailandia, Turquía, Uganda, Uzbekistán y Vietnam. Como sabemos, los BRICS son, en su origen, una asociación de las cinco economías nacionales emergentes: Brasil, Rusia, India, China y Sudáfrica. BRICS, en su formación actual, pretende ser una alternativa a las instituciones y las naciones del bloque G7 (Alemania, Canadá, Estados Unidos, Francia, Gran Bretaña, Italia y Japón), y en su desempeño se observan actitudes y actuaciones claramente antioccidentales y antiestadounidenses.

El diario Granma, órgano oficial de Partido Comunista de Cuba, se hacía recientemente eco abundante de lo que consideraban un éxito de su gobierno, afirmando que los BRICS, con

Cuba, pretendían fortalecer la "diplomacia preventiva" y evitar la prolongación de los conflictos armados existentes. Experto en navegar en la política de bloques, criticaba la injustificable actuación militar de Israel contra la población civil en Palestina, a la vez que obviaba la artera invasión de las tropas rusas en Ucrania.

Sobre una de las primeras reuniones, celebrada en Rio de Janeiro en abril de 2025, Granma informaba que iba a debatirse una respuesta conjunta ante la guerra arancelaria declarada por el presidente Donald Trump, y todo lo que conllevaba en el comercio internacional. Se recogían igualmente unas declaraciones del ministro de exteriores ruso, Serguéi Lavrov, en las que este expresó que era "prematuro" hablar de la transición del grupo a una sola moneda, aunque recalcaba que había que perseverar en "la desdolarización" de la economía mundial, debido a la desconfianza en los mecanismos financieros internacionales controlados por Occidente. De hecho, Cuba ha comenzado a operar con el rublo ruso para facilitar el comercio y los intercambios financieros entre los dos países aliados.

En este escenario, se inscribe la participación del mandatario cubano Miguel Díaz-Canel en el "80 Aniversario de la victoria en la Guerra de Resistencia del Pueblo Chino contra la Agresión Japonesa y la victoria de la Guerra Mundial Antifascista", celebrada en Pekín, en el mes de septiembre de 2025. Demostrando un enorme poderío militar y publicitando la Organización Mundial del Comercio (OMC) como eje central de su "Iniciativa para la Gobernanza Global" que disputará la hegemonía a Estados Unidos, rodeado de gobiernos autócratas, el secretario del Partido Comunista chino Xi Jinping ofreció "seguir brindando asistencia a Cuba… en la medida de sus posibilidades".

Nada que ver, no obstante, con lo que fue décadas atrás la intensidad y el volumen de las relaciones económicas, de fuerte dependencia, respecto a la Unión Soviética. Hay que recordar que la URSS compraba azúcar cubano a precios significativamente superiores a los del mercado mundial y vendía petróleo a Cuba a precios inferiores a los del mismo, lo que significó una inyección masiva de recursos en la economía cubana, estimados, junto con la ayuda directa, entre el 10% y el 40% del PIB entre los años 1960 y 1991. Además, Moscú facilitó a La Habana préstamos y créditos blandos, así como cereales y equipos industriales y agrícolas; además de miles de técnicos y asesores, no solo militares sino económicos e industriales. El Consejo de Ayuda Mutua Económica (CAME), en el que Cuba se integró en 1972, se convirtió en el más importante receptor de las exportaciones cubanas, especialmente azúcar, lo que proporcionó ingresos estables a los cubanos.

La parte negativa de esta relación fue que, en primer lugar, limitó de manera efectiva la diversificación de la economía del país; en segundo lugar, la economía de Cuba se volvió más ineficiente por la sobre especialización en unos pocos productos básicos destinados a los países del CAME. A finales de los años ochenta, el comercio exterior de Cuba se realizaba en un 72 por ciento con la Unión Soviética y en otro 15 por ciento con el resto de los países del llamado socialismo real. Aun cuando parezca sorprendente, los soviéticos proporcionaban el 40 por ciento de los alimentos y mantenían en la isla fábricas que producían la mitad de los bienes industriales y de los fertilizantes agrícolas consumidos.

Entre la fundación del Partido Comunista de Cuba (1975) que elevó el marxismo-leninismo a ideología de Estado y la Constitución Socialista (1976), que agradeció el auxilio de la Unión Soviética en su Preámbulo, hasta el año 1986, en que Fidel Castro terminó con cualquier atisbo de descentralización en la economía cubana

enmarcado en el llamado "Proceso de Rectificación de Errores y Tendencias Negativas", puede encuadrarse el período de esplendor de las
relaciones económicas entre Cuba y la Unión
Soviética.

Antes, Castro y Nikita Kruschev habían
forcejeado un poco mediante dos procesos co-
nocidos como "Sectarismo" (1962) y "Micro-
fracción" (1966-1968), en los cuales fueron pur-
gados algunos veteranos comunistas del antiguo
Partido Socialista Popular liderados por Aníbal
Escalante, acusado de flirtear con la Embajada
soviética a espaldas del liderazgo revolucionario.
Quizás el apoyo de Fidel Castro a la invasión
militar de las tropas soviéticas a Checoslovaquia
(1968) y la integración de Cuba en el Consejo de Ayuda Económica del bloque comunista
liderado por la Unión Soviética (1972), hayan
significado los puntos de inflexión hacia la in-
mersión total en el régimen que convirtió la Revolución de Octubre en paradigma, garantizan-

do un espacio a Karl Marx, Friedrich Engels y Vladimir Ilich Lenin en el panteón de la nueva invención identitaria.

Económicamente hablando, es la época de la avalancha de productos agrícolas en los mercados campesinos y productos artesanales en los alrededores de la Catedral de La Habana. Es el tiempo también de la denominada economía paralela, mediante la venta por parte del Estado de productos alimenticios, bebidas, ropa y calzado, por ejemplo, en las antiguas tiendas "SEARS" y "Los tres centavos" de La Habana, a precios no subvencionados para poderes adquisitivos más altos, como sí ocurría con la cartilla de racionamiento. Viajes turísticos nacionales como "La Vuelta a Cuba" o internacionales al mundo socialista complementaron una etapa que rebosaba de auxilios de la economía soviética. Cierta bonanza económica subvencionada, pero bonanza al fin, que se incorporó a las medidas iniciales de redistribución de la riqueza como la reducción de los precios de la electricidad, los alquileres, las llamadas telefónicas, los entierros, las guarderías, los museos, los zoológicos y los espectáculos deportivos, así como la expansión de la educación y la salud pública gratuitas, que ofrecieron un cuadro alentador publicitado como el resultado del nuevo Sistema de Dirección y Planificación de la Economía.

Desde 1975 hasta 1986, aproximadamente, asistimos también al período de máxima sovietización de la cultura cubana. La "Escuela Vocacional Lenin" para estudiantes destacados, el "Parque Lenin", el "Monumento a la Crisis de Octubre", el teatro Karl Marx o la construcción de la Embajada de la Unión Soviética en el lujoso barrio de Miramar, simbolizan aquellos años en que se entonaba "La Internacional" en los actos públicos. Que unos 18.000 soviéticos vivieron en la isla, es tan conocido como que entre 100.000 y 300.000 cubanos recibieron becas y cursos de capacitación en la URSS. Además, el idioma ruso se promovió en los medios de comunicación y su enseñanza llegó a ser obligatoria en las universidades. En aquella Cuba en la que circulaban las revistas *Sputnik* y *Novedades de Moscú*, eran famosas las traducciones al español de las editoriales Mir, Radusa y Progreso, del mismo modo que las jornadas de cine soviético, sus entrenadores deportivos y hasta su influencia en la creación de la Escuela Nacional de Circo en la isla. Los niños del momento todavía recordarán que "Tío Estopa", "Microbi" y "Violeta" sustituyeron en la pequeña pantalla a Micky Mouse, el pato Donald y el perro Pluto. Y sus padres y abuelos, que los autos Moskvichs, Lada y Volga compitieron con ventaja sobre Ford, Chrysler y Chevrolet. A los abuelos, los padres y a los hijos de aquellos años, no se les olvidará que en las escuelas se realizaba una especie de ritual anual que rezaba: "¡Por Mi Honor de Pionero Rebelde Juro: ¡Ser fiel a la Revolución, a mis compañeros y a la Patria

Socialista!" Consigna que fue reemplazada más adelante por esta otra: "¡Pioneros por el Comunismo, seremos como el Che!".

¿El llamado "Proceso de Rectificación de Errores y Tendencias Negativas" proclamado por Fidel Castro en 1986 puso punto final a esta etapa bucólica del socialismo real en la isla? Cierto. Ese *Proceso* fue la respuesta del gobierno de La Habana a la inminente ruptura de la alianza con la Unión Soviética. Empero esta respuesta a los acontecimientos reformadores que se realizaban en la Unión Soviética por parte de la elite revolucionaria en 1986, se convirtió en verdadera catástrofe con la caída del muro de Berlín en 1989 y la desaparición de la URSS en 1991. Unos hechos que sumieron al país en una crisis de proporciones bíblicas, y condujeron al régimen castrista a poner en marcha lo que denomino eufemísticamente "Período Especial en Tiempo de Paz", que ocupó la totalidad de la última década del siglo pasado. Con el lema

"¡Socialismo o Muerte!, Fidel Castro se propuso reinventarse decretando el llamado Período Especial. Se estableció un Consejo Nacional de Defensa, que previó la declaración del estado de emergencia y reguló el derecho de recurrir a la violencia para defender el poder constituido más de cuarenta años atrás. Además, las reformas a la Constitución Socialista promovidas por el Cuarto Congreso del PCC (julio de 1992), eliminaron la referencia a la hegemonía de la desaparecida Unión Soviética y a la doctrina marxista-leninista y perfilaron con fuertes trazos un nuevo nacionalismo en Cuba. En nombre de ese nuevo nacionalismo, se aprobó la "Ley de Protección de la Independencia Nacional y la Economía de Cuba", que endureció las penas contra quienes difundieran información crítica, y se realizó la modificación constitucional que consagró el socialismo como sistema "irrevocable" en el mes de julio del año 2002. En el intermedio, se eliminaron las posiciones reformistas y revisionistas críticas en el Centro de Estudios de América adjunto al Comité Central del PCC y la Facultad de Filosofía, Historia y Sociología de la Universidad de La Habana.

A partir de 1989 el embargo económico sobre la isla sí que se convirtió en un problema severo. Nikita Kruschev lo había minimizado cuando Raúl Castro visitó Moscú en julio de 1960: es solo un "paso de bebé" de los Estados Unidos en la confrontación hemisférica, dijo el líder soviético. Además, eso también, ofreció a La Habana un paraguas económico y militar en su enfrentamiento con el gobierno de Washington, en el marco de la política de "coexistencia pacífica" que Nikita Kruschev había adoptado, coincidiendo con la "política de contención" del estadounidense Dwight D. Eisenhower.

La alianza entre los gobiernos de Cuba y la Unión Soviética, así como el punto sin retorno del conflicto con el gobierno de los Estados

Unidos, apuntan directamente a aquella visita de 1960. En Moscú el comandante Raúl Castro explicó a Nikita Kruschev las amenazas militares y comerciales de Estados Unidos, agradeció su apoyo verbal y le invitó a visitar Cuba:

> "Realmente la Unión Soviética nos está brindando esa ayuda, que será para siempre parte de la historia de nuestro pueblo y de la historia de otros pueblos de los países latinoamericanos, porque esta ayuda está salvando al pueblo cubano de la esclavitud de los monopolios y los militaristas estadounidenses".

Con el pragmatismo político como bandera, el máximo líder soviético rebajó varios grados de dramatismo al análisis del hermano de Fidel Castro, con un diagnóstico impecable de la realidad cubana. En primer lugar, Estados Unidos no se atrevería a invadir la isla después del convenio político-militar previsto para darse a conocer a la opinión pública sólo 12 días más tarde. Sobre el posible embargo económico de los Estados Unidos a Cuba, Nikita Kruschev añadió con la sabiduría de años en el poder, y el claro objetivo de no distraer a la Unión Soviética de alcanzar al mundo occidental en sus niveles de vida construyendo la utopía comunista:

"El campo socialista, en la actualidad, tiene todo lo que tiene Estados Unidos, y, por tanto, Cuba podría sustituir su comercio con Estados Unidos por comercio con los países socialistas. En las condiciones modernas, un bloqueo económico es sólo un paso de bebe. Se puede decir que Estados Unidos es tan estúpido como rico".

A lo que vamos. 1989 no era 1960. En 1989 ya no habría paraguas bajo el que cobijarse. Y no es de extrañar que ahora la diplomacia del nuevo nacionalismo cubano se centrara en mostrar las consecuencias del embargo estadounidense y demandar su eliminación. En especial, tras el

Acta por la Democracia Cubana (Ley Torricelli, 1992), el Acta para la Libertad y para la Solidaridad Democrática Cubana (Ley Helms-Burton, 1996) y la "Comisión para la Asistencia a una Cuba Libre" el 30 de junio de 2004, que endurecieron las medidas pensando en el "jaque mate" a Fidel Castro.

Tras perder en pocos meses la ayuda soviética, en el mes de agosto del año 1993 el gobierno autorizó la tenencia de dólares, la apertura de cuentas bancarias en esta moneda y las remesas de dinero desde el extranjero. Además, se estimuló el turismo extranjero, la reapertura de los mercados agropecuarios, el esquema mixto de inversiones extranjeras y diversas profesiones privadas. En general, unas medidas que agrandaron la distancia entre la mayoría de la población y la élite que conservaba su acceso privilegiado a bienes y servicios mediante tiendas especializadas y hospitales propios, villas de recreo y viajes al extranjero. El despido de empleados estatales considerados innecesarios, la eliminación de las gratuidades como las escuelas secundarias básicas en el campo, la venta a precio de mercado de productos de primera necesidad antes subvencionados en la llamada libreta de racionamiento, y el aumento en cinco años de la edad de jubilación de los trabajadores, fueron un torpedo en la línea de flotación de una de las claves del apoyo popular al sistema castrista.

Pese a las medidas tomadas, claramente insuficientes, el gobierno de Fidel Castro no pudo frenar el desplome de su economía. Según el Índice de Desarrollo Humano del año 1990, Cuba se encontraba en el lugar 39 de un total de 130 países. El deterioro provocado por la desaparición del bloque soviético llevó a Cuba al puesto 89 entre 173 países en 1994, el año más crítico. Y aunque a partir de 1999 comenzó una lenta recuperación, que colocó a la isla en el puesto 51 en el año 2007, el índice de 2009 fue 0.838 inferior al índice 0.877 del año 1990. A pesar de que los datos oficiales insistían en la primacía de los indicadores sociales de la Revolución, en el año 1993 los gastos sociales disminuyeron un 73%. Y en 1998, todavía estaban un 40% por debajo del año 1989. Un balance final: entre 1989 y 1999 la desigualdad aumentó un 69%.

Desde 1998 la aparición del amigo venezolano, permitió una nueva fase que amortiguó durante un tiempo la pérdida del amigo soviético. Pero desde 2007 la crisis en Venezuela fue a más, y con ella el deterioro que ya no se ha revertido. A partir del año 2000, especialmente durante el gobierno de Hugo Chávez, y en menor medida durante el de su sucesor, Nicolás Maduro, Caracas se convirtió en el principal proveedor de petróleo de Cuba, hasta el punto de que llegó a suministrar una parte sustantiva del consumo total de la isla.

El eje sobre el que pivotó esta relación fue el intercambio de servicios profesionales cubanos, principalmente médicos, maestros y asesores, a cambio de crudo. Además, Venezuela también otorgó préstamos, créditos y ayuda financiera directa a Cuba, aunque no se conoce con exactitud la magnitud de estos flujos. Caracas y La Habana desarrollaron algunas inversiones y empresas conjuntas en diversos sectores, aun cuando su impacto general en la economía cubana fue mucho menor que la inversión soviética en su momento. En un orden no tanto económico como simbólico, Venezuela apoyó a Cuba en romper su aislamiento internacional, especialmente mediante su incorporación a la Alianza Bolivariana para los Pueblos de Nuestra América (ALBA).

Si bien es cierto que las magnitudes de los subsidios venezolanos no alcanzaron a los soviéticos en términos de PIB, la economía cubana se volvió dependiente de la situación económica y política de Venezuela. Más allá de la profunda crisis económica y política que la azotó desde

2007 y, especialmente, tras la muerte de Hugo Chávez en 2013, en los últimos años se ha observado una reducción drástica de los envíos de petróleo y, en general, de la ayuda solidaria venezolana, causando un impacto severo en la economía de Cuba.

A la vez que la crisis de Venezuela estremeció los cimientos de la economía cubana, hizo mella en las políticas sociales de Caracas en las cuales jugaba un papel fundamental el personal sanitario cubano. La Misión Barrio Adentro se ha mantenido a la baja por la crisis económica de Venezuela, pero miles de sanitarios cubanos han pasado por aquel país. Se desconocen las cifras exactas de técnicos exportados y las de su valor económico, en sintonía con la opacidad cubana a la hora de ofrecer información que consideran sensible. De lo que no cabe duda es que el negocio de enviar personal cualificado *"en misión"* al extranjero, publicitado como muestra del internacionalismo cubano, es en realidad una fuente de ingresos, en dinero o en especie, esencial para la economía del país. En general, los médicos perciben entre el 10 y el 25 por ciento de lo que paga Caracas. Esta retribución solo se cobra en su totalidad cuando vuelven a Cuba, mientras el resto que entrega directamente el país anfitrión al gobierno cubano se lo queda el Estado. Se puede afirmar, en consecuencia, que la exportación de sanitarios se ha convertido en una de las principales fuentes de divisas para el régimen de La Habana, hasta el punto de superar a la del turismo o a la de mercancías tradicionales de exportación.

Según estimaciones, en 2019 había 30.000 médicos cubanos en un total de 67 países, especialmente en África y América Latina, unas cifras que descendieron a 22.000 y 53 en 2024, tras la pandemia del COVID. Unos países pagan más que otros, en función de su realidad económica, pero los ingresos cubanos se calculan entre los cinco y los siete mil millones de dólares anuales. Más allá del relato, que barniza de solidaridad lo que es un producto de exportación, lo cierto es que la presencia de personal sanitario cubano ha llevado servicio médico a zonas y poblaciones que no sabían lo que era recibir atención sanitaria profesional, bien por carencia de personal autóctono o porque los sanitarios de algunos países no suelen aceptar esos destinos periféricos.

El programa tampoco está exento de críticas. Las condiciones laborales y la retención de los salarios, las restricciones a la libertad de movimiento, la presión o la falta de voluntariedad, la supervisión y el control estricto por parte de funcionarios cubanos, la calidad de la atención y los medios disponibles o la opacidad de los acuerdos son las más recurrentes.

Puede afirmarse que la economía cubana dependió significativamente de los subsidios venezolanos durante un período importante, especialmente en el acceso al petróleo y a las divisas a través del intercambio de servicios. Es por ello que existe consenso en torno a la idea de que la fuerte reducción de la ayuda de Caracas, desde 2013-2015, generó importantes similitudes —además de particularidades— con el "Período Especial" de los años noventa tras el colapso de la URSS. Así pues, siguiendo con la metáfora planetaria, puede decirse que la Cuba castrista se instaló en el sistema solar soviético hasta que los rayos solares de Moscú se extinguieron. La glaciación de los años noventa remitió, en parte al menos, cuando La Habana se acercó al sol venezolano. Caracas, pasados tantos años desde la erupción bolivariana, ya no es ni sombra de lo que fue, y Cuba ha quedado de nuevo en una órbita ciertamente inhóspita.

Ahora, en un mundo polarizado como no lo había estado desde la Guerra Fría, La Habana intenta reposicionarse. Los mandatarios cubanos han entendido que tanto Rusia como China han emergido como socios económicos y políticos importantes, y la integración en los BRICS+ es la evidencia más notable. Otra cosa será ver qué están dispuestos a cambiar esos dirigentes para adaptarse al nuevo sistema solar desde el que hacer frente a la realidad geopolítica internacional que ha dado un vuelco inimaginable hace solo un lustro. Pero de eso hablaremos al final de estas páginas.

2. Un planeta seductor y emulado, pero odiado y acosado

Todavía en la actualidad, pese a todo, Cuba conserva su simbolismo histórico de rebeldía, de no haber claudicado ante la agresión mantenida desde Washington, y de haber hecho de su autoproclamada soberanía irreductible una bandera en la que se reconocen miles de ciudadanos occidentales, especialmente en América Latina, en Europa y, particularmente, también en España.

Es verdaderamente una bandera que representa más unas ilusiones de antaño y una cierta melancolía por lo que parecía ser y no fue, que la enseña de una experiencia que se pretendía liberadora y replicable. Hace décadas que quedó en la triste evidencia de un fracaso, especialmente para la mayoría de los cubanos que nacieron después de 1959, y muy marcadamente para los nacidos después de 1990, aquellos a los que llaman "los nietos de la revolución".

Para el régimen castrista, el sistema que se implantó tras la rebelión de los barbudos de los años sesenta del siglo pasado sigue siendo la clave de bóveda legitimadora del poder del Partido Comunista en estrecha alianza con los militares de las Fuerzas Armadas Revolucionarias (FAR), y el fundamento del Estado socialista que, supuestamente, instauró la soberanía y la justicia social en el país. De aquella insurrección emana también la identidad nacional, que se sustenta en una narrativa que, además de establecer quién es auténticamente cubano, —solo los afines al régimen—, exime a sus dirigentes de la responsabilidad de haber devenido en una dictadura represiva de cualquier disidencia, o de cualquier restricción o carencia política, cultural o económica emanada desde las instancias de gobierno a cualquier escala. El sistema castrista se explica a sí mismo como la respuesta inobjetable de los verdaderos cubanos ante la agresión eterna del vecino imperialista. Todo lo ineficiente, gravoso o insoportable que sucede en Cuba es por culpa del "bloqueo", como denomina errónea pero conscientemente al embargo estadounidense.

Conviene recordar que la victoria del jefe guerrillero Fidel Castro el primero de enero de 1959 fue un seísmo político, especialmente en el continente americano, en el que los sectores progresistas del mundo verían después un faro por el que guiarse, mientras que los conservadores lo interpretaron como una amenaza insoportable del expansionismo soviético. Los movimientos antiimperialistas y, en general, todos los que veían en el gobierno de Washington la causa de buena parte de la injusta realidad social latinoamericana, hicieron de Cuba y su revolución el espejo en el que mirarse.

El desafío a los Estados Unidos causó y todavía causa admiración en amplios sectores de la izquierda política continental, y no solo en la más radical, especialmente por lo que se entiende como una contienda desigual y un abuso de fuerza injustificable. Ya se sabe, el valeroso David que fue capaz de contener al odioso Goliat. Más allá del intento guevarista de extender la insurgencia en América, o de publicitarse como una experiencia exitosa de socialismo para los países no desarrollados, la influencia ideológica de la Revolución Cubana todavía está presente en una parte, menguante hay que decirlo, de la izquierda latinoamericana, especialmente en aquellos ligados al llamado bolivarianismo que alcanzaron el poder por vías democráticas.

Puede decirse, pues, que, pese a todo, los usos políticos de la Revolución Cubana siguen siendo relevantes, más en el plano simbólico y afectivo, ajeno a toda crítica, que en el de la identificación con su realidad política presente.

Ese largo proceso todavía es un campo de batalla ideológico que continúa generando debates y pasiones mayoritariamente binarias, en blanco y negro, sin espacio para los grises. Para una parte de la izquierda, el régimen de la Cuba actual no puede ser criticado, porque es injusto dada la agresión permanente de los Estados Unidos; además, hacerlo sitúa a quien lo haga en el campo de los partidarios del capitalismo y de sus formas más agresivas.

Con frecuencia, el analista tropieza en el debate político en torno a Cuba con aquella idea clarificadora de Eric Hobsbawm, según la cual no son pocos en las filas de la izquierda política los que confunden "el activismo militante con la transformación social y la victoria con la 'victoria moral', que tradicionalmente ha sido el eufemismo con el que se ha denominado la derrota". Bastante de eso ha habido y hay todavía hoy en relación con aquella revolución que encandiló a tantos entre los que, al decir de André Burguière, tienen en la izquierda política su tierra natal. Esa leyenda emancipadora que el actual régimen cubano sigue queriendo mantener no resiste un análisis mínimamente crítico de lo que, sesenta y cinco años después, queda de los objetivos declarados de aquella guerrilla triunfante que entró en La Habana el 8 de enero de 1959.

La revolución cubana había tenido un comienzo fracasado el 26 de julio de 1953, cuando un par de pelotones de alrededor de 145 hombres comandados por un joven abogado de buena familia, Fidel Castro Ruz, asaltaron dos instalaciones militares en la provincia de Oriente, el Cuartel Moncada en Santiago, y el cuartel Carlos Manuel de Céspedes en Bayamo, como reacción al golpe de Estado del general Fulgencio Batista el 10 de marzo de 1952. Ambas acciones se saldaron con unas decenas de muertos y heridos, militares y asaltantes, además de cerca de cincuenta revolucionarios que fueron fusilados por los soldados tras la intentona fallida. De los asaltantes detenidos, en torno a una treintena fueron condenados a prisión, entre ellos el propio Fidel Castro y su hermano Raúl, que contaban entonces con 26 y 22 años respectivamente.

Fidel y Raúl Castro, condenados a 15 y 13 años de reclusión, fueron trasladados junto a veintitrés sentenciados más a la Isla de Pinos. Veintidós meses después, en mayo de 1955, el dictador Fulgencio Batista decretó una amnistía y los excarceló, deseoso de mejorar su imagen pública y convencido de que el peligro insurgente estaba completamente amortizado. Se equivocó, porque si el asalto fue un desastre militar resultó una victoria política y simbólica que dio a conocer a Castro y al que se llamaría Movimiento 26 de Julio.

Al salir de la cárcel, el joven abogado Fidel Castro marchó a México como exiliado. Tras obtener financiación de diversas fuentes, y de un recorrido proselitista por los Estados Unidos, junto a ochenta y dos miembros del M26J regresó a

Cuba, a bordo del yate Granma, que arribó a las costas del Oriente cubano en diciembre de 1956. Los expedicionarios sobrevivientes a otro fracaso, se adentraron en las montañas de la Sierra Maestra. Entre los rebeldes figuraban su hermano Raúl, y otros jóvenes que pocos meses después se convertirían en dirigentes de la revolución como Ernesto Guevara, Camilo Cienfuegos, Juan Almeida o Ramiro Valdés. Un año después, en el mes de febrero de 1958, el M26J contaba con cuatrocientos guerrilleros. Los diez mil soldados que los enfrentaron no pudieron neutralizarlos, y un año más tarde, en enero de 1959, los insurgentes barbudos y desenfadados entraban en La Habana mientras el golpista Batista huía al exilio en la República Dominicana.

¿Cómo fue que aquella Cuba de los cinematográficos guerrilleros que durante los años sesenta encandilaron a buena parte del mundo, especialmente el occidental, llegó a ser lo que hoy es? Esa es una pregunta que en estas páginas debe encontrar respuesta. Pero este primer interrogante genera otros también relevantes. ¿Qué es o fue la Revolución cubana? ¿Un proceso que tiene principio y fin o está inconcluso? ¿Cuál es el marco cronológico? ¿Comenzó en 1868, como dijo en su día Fidel Castro? ¿Comenzó en 1953, 1956, 1959, 1960-61? ¿Cuándo finalizó, en 1985 (con Gorbachov y la Perestroika), en 1991 (tras el *desmerengamiento* de la URSS, al decir del propio Castro), en 2008 (con la dimisión de este y el ascenso de su hermano Raúl), en 2016 (a la muerte del mayor de los Castro), en 2018 (tras la substitución de Raúl Castro por Miguel Díaz Canel), el 11 de julio de 2021 (con el primer gran desafío popular y espontáneo al régimen)? ¿O, no obstante, puede decirse que aquella revolución está vigente en 2025? Más preguntas. Los revolucionarios de la Sierra Maestra, liderados por Fidel Castro, ¿pretendían instaurar una democracia *jeffersoniana* o eran ya desde 1953 marxistas-leninistas clandestinos incluso para los comunistas cubanos del PSP? Unos comunistas para los que, inicialmente, los jóvenes de Fidel Castro solo eran unos aventureros pequeñoburgueses.

Entendemos que el proceso revolucionario castrista comienza con el asalto al cuartel Moncada en 1953 —dejando de lado la fantasía de remontarnos al siglo XIX—pero parece razonable aceptar que ya ha finalizado, y estamos en un tiempo que más que revolucionario es de pura supervivencia del régimen instaurado entre 1959 y 1961 que, como ha afirmado Rafael Rojas, presentó formulaciones y objetivos distintos, contradictorios e incluso contrarios. De la revolución en sintonía con la izquierda latinoamericana no comunista (arbenzistas guatemaltecos, liberales colombianos, priistas mexicanos, adecos venezolanos), que reflejaba un sistema político heredero de la democracia *jeffersoniana*, según la fórmula de Lincoln de "gobierno del pueblo, por el pueblo y para el pueblo". A su resignificación en el poder, tras el ingreso de Cuba en la lógica binaria de la Guerra Fría, desembocando en un desplazamiento del republicanismo al marxismo-leninismo. Al margen de su realidad interna, cambiante en su definición, sus objetivos y sus anclajes doctrinales, la influencia internacional de la revolución cubana fue extraordinaria, especialmente entre una parte significativa de la juventud latinoamericana que se esforzó en replicarla siguiendo su ejemplo.

Muy probablemente, la victoria de los hombres de la Sierra Maestra comandados por Fidel Castro sea el hecho más influyente de la América Latina del siglo XX. Su influjo, en el contexto latinoamericano y en un tiempo de Guerra Fría, propició el surgimiento de una izquierda de nuevo cuño que quiso replicar la experiencia cubana a lo largo del continente. Las razones de su popularidad pueden resumirse en cinco ideas: a) reforzaba la tesis central de la llamada Teoría de la Dependencia; b) conectaba con las raíces católicas y la épica del sacrificio a una causa; c) ofrecía la salida socialista a la terriblemente injusta desigualdad social del subcontinente; d) contaba con líderes muy carismáticos y aprovechaba la debilidad cultural del capitalismo en los países periféricos; e) el relato épico que los revolucionarios construyeron de su victoria convenció a buena parte de la juventud latinoamericana de que derrotar al imperialismo e instaurar el socialismo era cosa de tener la voluntad y el arrojo suficiente para enfrentarlo desde la lucha armada guerrillera.

La seducción que la experiencia cubana tuvo para la juventud, no solo latinoamericana, vino de la mano de la ilusión por el supuesto surgimiento de *un hombre nuevo* ajeno a los incentivos materiales, y —muy importante— la aparente facilidad de lo conseguido en Cuba en menos de tres años. En una década de tantos hitos políticos y sociales como la de los sesenta, Cuba y Vietnam fueron dos de los motores ideológicos de quienes soñaban con participar en profundas transformaciones sistémicas planetarias.

Recordemos que durante los años sesenta Occidente vivió una época de fuerte aceleración de la realidad social, política y cultural, y eso se percibirá con claridad tanto en los Estados Unidos de América, desde Alabama a California, como en los diversos países de la América Latina, donde los movimientos sociales están adquiriendo cada vez mayor importancia. En estos años surgen en los Estados Unidos de América alternativas sociales o culturales como los hippies, que participan activamente en las protestas contra la guerra de Vietnam, y se desatará definitivamente la lucha por los derechos civiles de los afroamericanos. En términos generales, la mayor parte de la juventud movilizada contra la Guerra en Indochina como la que luchará por los Derechos Civiles de los negros, así como la mayoría de los movilizados en Europa, pueden ser considerados pacíficos y muchos de ellos pacifistas; es decir, mayoritariamente identificados como no violentos.

El contraste con lo que ocurrirá en América Latina es fortísimo: aquí serán miles de jóvenes los que concluirán que la única salida posible y deseable para sus injustas e insolidarias sociedades pasa por organizarse y adiestrarse para la lucha armada, para ser miembros activos de una insurgencia guerrillera. Será evidente que esos nuevos movimientos revolucionarios estarán marcados por el ejemplo y por el relato hegemónico y sin matices que se hace de la Revolución cubana. De hecho, el 68 latinoamericano arrancó con la muerte de Ernesto Che Guevara en 1967 y acabó, si se quiere hacer una analogía con la visión eurocéntrica (Paris/Praga), en 1969 con el Rosariazo (3 muertos) y el Cordobazo argentinos (más de 30 muertos), pasando claro por el México de Tlatelolco en 1968, con más de 300 muertos según una valoración conservadora.

La fortísima represión empujó a miles de jóvenes a la insurgencia armada. Regis Debray y Ernesto Che Guevara habían hecho añicos el viejo dogma leninista, y habían sostenido con gran desparpajo que no era necesario esperar a disfrutar de condiciones objetivas para poner en marcha la revolución, sino que lo necesario era crear una conciencia revolucionaria mediante los incentivos morales ante la injusticia social extrema. De ahí la elaboración del *foquismo*: crear "uno, dos, tres, muchos Vietnam" en América Latina, como dijera Ernesto *Che* Guevara, quien ya había ocupado la presidencia del Banco Nacional y el Ministerio de Industrias en el Gobierno Revolucionario.

La conclusión de una parte de la juventud latinoamericana de que la lucha guerrillera era la única alternativa continental hizo emerger insurgencias armadas por doquier: Venezuela, Guatemala, México, El Salvador, Nicaragua, Colombia, Bolivia, Perú, Argentina, Brasil y Uruguay. Excepto la sandinista nicaragüense, que tuvo un éxito efímero, las restantes concluyeron con el fracaso y con la generalización de la Doctrina de Seguridad Nacional de matriz norteamericana. La tesis de la existencia de un enemigo interior, el comunismo a las órdenes de Moscú, fundamentó la aplicación generalizada de la doctrina contrainsurgente de Washington, las dictaduras militares de nuevo cuño y la implantación del Terrorismo de Estado en la mayor parte de América Latina.

Al aliarse con la Unión Soviética en el mundo bipolar de la Guerra Fría, Cuba se quedó sola en el mundo Occidental y no supo encontrar alternativas propias para su desarrollo económico y su existencia política. Al internacionalizarse el conflicto, la dependencia de los subsidios soviéticos provocó que, desde la caída del muro de Berlín y la desintegración de la URSS entre 1989 y 1991, la isla se convirtiera en un superviviente y mostrara la evidencia de su inviabilidad.

3. La historia al revés. Cuba antes de la revolución castrista

A las preguntas sobre la definición y la periodización de la Revolución cubana, así como el manifiesto declive del proceso entre 1959 y 2025 que nos hicimos antes, debemos añadir otra acerca de las condiciones en que se encontraba la pequeña isla del Caribe antes del resultado revolucionario del primero de enero de 1959 y que facilitaron la movilización colectiva contra el golpe de Estado del general Fulgencio Batista el 10 de marzo del año 1952.

"El mejor lugar para emborracharse", aseguran que dejó escrito en un menú de *La Bode-*

guita del Medio el actor Errol Flynn, un famoso bar-restaurante de La Habana Vieja, donde todavía se recuerdan las veladas con Benny Moré, Bola de Nieve y el Trio Matamoros. El conocido actor de la edad dorada de Hollywood, protagonista de películas taquilleras como "*El capitán Blood*" y "*Robin Hood*", que a finales de 1958 apareció en una instantánea apoyando a los guerrilleros que enfrentaban con las armas al dictador Fulgencio Batista en la Sierra Maestra. Bebedor, mujeriego y fanfarrón, el artista conocido por sus papeles de galán romántico y audaz aventurero, con posado pensativo, de pie, camisa blanca y chaqueta en la mano, asiste a una reunión acompañado de los jefes revolucionarios Luís Buch y Faustino Pérez en los extremos de la foto, y al centro el mismísimo comandante en jefe, Fidel Castro.

A pesar de continuar con su apoyo rodando en Cuba *Rebeld Girl* en 1959, Errol Flynn fue apartado de las preferencias del nuevo régimen en 1960. A diferencia del escritor y Premio Nobel de Literatura Ernest Hemingway, otro bebedor, mujeriego y fanfarrón, asiduo a alojarse en el hotel *Ambos Mundos* de la capital y propietario de la *Finca Vigía* en las afueras de La Habana, conocido por empinar el codo en otro famoso bar restaurante llamado *Floridita*. El escritor y corresponsal de guerra, autor de "*Por quién doblan las campanas*" y "*El viejo y el mar*", con más de tres décadas de relación con la isla, pero indiferente a las peripecias del guerrillero Fidel Castro frente a Fulgencio Batista durante toda la dictadura, se convertiría en un asiduo huésped de ese fenómeno histórico conocido todavía en nuestros días como Revolución cubana a partir del año 1960. Hoy su figura es agraciada con una estatua permanente en su bar restaurante preferido, acompañado con una foto junto al exmandatario cubano Fidel Castro al fondo, y hasta un museo y un premio de pesca con su nombre. "Mi mojito en la Bodeguita, mi daiquirí en el Floridita", se dice que afirmó en medio de una de sus habituales juergas en La Habana, y esa frase ahora se utiliza habitualmente como uno de los reclamos turísticos de la isla. "Come, diviértete y bebe como Ernest Hemingway en sus lugares favoritos de La Habana", reza el portal virtual *Sigue los pasos de Hemingway por La Habana*.

El actor Errol Flynn y el escritor Ernest Hemingway deben estar incluidos en la narración que relaciona a los visitantes norteamericanos de los años cincuenta del siglo XX con la diversión nocturna y la prostitución en la isla, que la narrativa afín a la legitimación del régimen castrista durante más de seis décadas ha resumido en "Cuba, el burdel de los Estados Unidos". Supuestamente, 11.000 prostitutas estaban en el año 1958 dispuestas a alegrar las veladas de los visitantes estadounidenses en "*Las Vegas de Latinoamérica*", como se recuerda le llamó el *Havana Post*. En *La Bodeguita del Medio*, el

Floridita, el *Sloppy Joe's*, los cabarés Tropicana, Montmartre y Sans-Sousi, los cabarets del Hotel Nacional, el Hotel Hilton y el Hotel Riviera en la capital de la isla. La Habana burguesa del Casino Deportivo, del Club Náutico, del Club Bancario, del Cubanaleco Club, del Club Rotario, del Club de los Leones. De los night-clubs, del cha-cha-chá, del mambo, del bolero, del *rock and roll* y del *filing*.

La Habana de los negocios, el consumo y el placer, en el empeño de mostrar una isla decadente con protagonismo reservado a la presencia de norteamericanos mafiosos, ricos y libidinosos a la caza de las bellas mujeres cubanas. Cuba traducida a la secuencia de *El Padrino*, del cineasta Francis Ford Coppola, con lujo en los vestidos y la pista de baile, acompañados de la música de *Guantanamera*, donde Michel Corleone abraza a su hermano Fredo que acababa de cerrar acuerdos con la mafia en La Habana. Versión libre de la historia del final de la dictadura, en que la burguesía nativa huye despavorida hacia Estados Unidos el 31 de diciembre de 1958, tras recibir la noticia de la derrota de Fulgencio Batista, mientras una muchedumbre coreaba: "¡Abajo la dictadura!", "¡Viva la Revolución!" y "Viva Fidel".

Prostitución y corrupción en la misma frase que burguesía cubana y gobierno de los Estados Unidos, simplificando la historia anterior a los 65 años de poder del grupo político de Fidel Castro. Llama la atención que en esta narrativa se silencie La Habana cultural de los teatros y de las revistas literarias. De la ópera en el Teatro Nacional, de la danza en el Teatro Auditorium, de las variedades en el teatro Blanquita. Del programa La Universidad del Aire, del Grupo de Renovación Musical, de las revistas Orígenes, Ciclón y Nuestro Tiempo. De la Biblioteca Nacional José Martí, tesoro patrimonial documental, bibliográfico, artístico y sonoro del país. Una de las instituciones más reputadas en América Latina, fundada el 18 de octubre de 1901. En definitiva, más La Habana de los escritores Jorge Machach, José Lezama Lima, Virgilo Piñera y Dulce María Loynaz, que del camorrista Lucky Luciano. Más de los compositores Ernesto Lecuona, Isolina Carrillo y Eliseo Grenet, que del mafioso Meyer Lansky. Y mucho más de los pintores Servando Cabrera, René Portocarrero y Wilfredo Lam que del jefe del crimen organizado Santos Traficantte. La Habana de las hermosas y modernas esculturas "Venado", "Bailarina" y "Shape, "*Space and Light*" de Rita Longa, ubicadas en el Zoológico Nacional, el cabaré "Tropicana" y la entrada principal del Museo Nacional de Bellas Artes.

Resulta curioso también que, en el relato simplón sobre la isla, haya triunfado el estereotipo de la mujer cubana prostituida, sobre la historia de la lucha por sus derechos y la fortaleza del movimiento feminista en Cuba. ¿Por qué no se menciona que la avanzada Constitución de 1940, elaborada mediante el debate plural entre todos los grupos políticos de la nación, fue la primera en reconocer el voto femenino en Iberoamérica, así como la igualdad de derechos entre sexos, razas y derecho femenino al trabajo? ¿No es relevante que el primer movimiento feminista de Iberoamérica impulsara la legislación que reconocía a la mujer su derecho al voto, la autoridad hacia sus hijos, el derecho a pasaporte o a tener cuentas bancarias si no lo consentía su marido 36 años antes que en España? El Partido de Sufragistas Cubanas y el Partido Nacional Feminista se crearon en 1912. Y, reunidos en uno sólo, en 1917 lograron que se aprobara la "Patria Potestad", que libraba a la mujer de la tutela de los hombres para administrar los bienes fraternales, y un poco después la primera "Ley del Divorcio" en Latinoamérica. ¿No resulta relevante que el Primer Congreso Nacional de Mujeres en América Latina se haya celebrado en el año 1923 en Cuba? Contra todo pronóstico, el Frente Cívico de Mujeres Martianas dirigido por Carmen Castro, se organizó contra el golpe de Estado de Fulgencio Batista antes que Fidel Castro organizara su grupo político. El 23 de enero de 1959, la veterana activista por los derechos de la mujer Elena Mederos fue nombrada ministra de Bienestar Social del Gobierno Provisional, tras el proceso que condujo al poder a los barbudos de la Sierra Maestra.

Doctora en Farmacia, fundadora de la Escuela de Servicios Sociales de la Universidad de La Habana y miembro de la directiva del *Lyceum Tennis Club*, Elena Mederos había actuado como vicepresidenta de la Sociedad Amigos de la República, que buscó hasta el último momento una salida pacífica al conflicto creado por el golpe de Estado del año 1952. A quienes critican a aquellas mujeres pioneras del feminismo cubano por pertenecer a las clases medias y altas de la sociedad, se les debe recordar que la mujer seleccionada por el mandatario Fidel Castro para presidir la Federación de Mujeres Cubanas al tomar el poder fue su cuñada Vilma Espín, mujer de Raúl Castro e hija del subdirector gerente de la firma Bacardí en Santiago de Cuba, que se había incorporado tardíamente al grupo político de Fidel Castro porque cursaba estudios de Ingeniería Química en el Instituto de Tecnología de Massachussets, una de las más prestigiosas universidades de los Estados Unidos.

El origen social de la presidenta de la Federación de Mujeres Cubanas creada por Fidel Castro el 23 de agosto de 1960 es relevante en esta historia, porque pone en cuarentena el alistamiento en bloque de la burguesía cubana con la dictadura de Fulgencio Batista y el gobierno de los Estados Unidos, que se ha tratado de perpetuar en la historiografía tradicional sobre la revolución. No es un hecho aislado. El abogado Luís Buch que, como describimos antes acompañaba al médico Faustino Pérez y al abogado

Fidel Castro en el encuentro con el actor Errol Flynn en la Sierra Maestra, vivía en el exclusivo barrio de Miramar, en una casa de dos plantas con embarcadero particular, administraba negocios de extracción de minerales con empresas norteamericanas y trabajaba en uno de los grandes bufetes situados en la flamante Manzana de Gómez de La Habana. Con una reputación de "gente de bien" a toda prueba, en el mes de septiembre del año 1957 fue recibido por el Embajador de los Estados Unidos Earl Smith, para intercambiar opiniones acerca de los bombardeos de la aviación de Fulgencio Batista a la ciudad de Cienfuegos, tras la sublevación de un grupo de marinos dirigidos por José Dionisio San Román. No es baladí que en esta gestión lo acompañara otro representante de la "gente de bien", el abogado cienfueguero Osvaldo Dorticós, dueño de un próspero bufete de abogados, Comodoro del *Yacht Club* de Cienfuegos y Decano del Colegio de Abogados de Cuba, quien sustituyó al presidente Manuel Urrutia cuando fue cesado por Fidel Castro a mediados de 1959 y acabó suicidándose en el año 1983. Tanto Elena Mederos como Luís Buch y Osvaldo Dorticós se sumaron a la lista de reputadas personalidades de la época, que fueron reclutadas por el grupo político de Fidel Castro para integrar al Movimiento de Resistencia Cívica. De ello se encargó durante un tiempo el miembro de la Dirección Nacional del Movimiento Revolucionario 26 de Julio Armando Hart, un joven abogado hijo del Magistrado de la Audiencia de La Habana Enrique Armando Hart Ramírez.

Conviene aclarar que la buena sintonía de la Dirección Nacional del Movimiento 26 de Julio con los funcionarios estadounidenses en la isla, durante buena parte del año 1957, no se redujo a la visita de Luís Buch y Osvaldo Dorticós a la Embajada en La Habana. Dos horas y media conversó el líder de la guerrilla urbana del "26" Frank País con Robert D. Wieche, oficial de la

Agencia Central de Inteligencia y agregado al Consulado General de los Estados Unidos en Santiago de Cuba en el mes de julio de 1957. El maestro santiaguero reconocía la simpatía del funcionario "yanqui" con la causa revolucionaria en esos momentos, y aseguraba que le ofreció apoyo y reconocimiento si tomaban el poder, siempre que se tratara de un gobierno "puramente nacionalista". Según él, la nacionalización de las industrias estadounidenses y la revisión de los tratados comerciales no sería motivo de conflicto entre las dos naciones. "Noté que le tiene pánico a que detrás de nosotros se muevan los comunistas", explicaba con algo de sorna al comandante guerrillero Fidel Castro en una carta fechada el 20 de julio del año 1957, reproducida por alguien nada sospechoso de congeniar con el anticastrismo como el general William Gálvez, en un texto publicado con el título *Frank entre el sol y la montaña*. Al fin y al cabo, el joven abogado Fidel Castro había realizado sin contratiempos un recorrido proselitista por varias ciudades estadounidenses a finales de 1955 y, desde aquel momento, creó un ramillete de "Clubes Patrióticos 26 de Julio" que, sin percance alguno con las autoridades, funcionaron recaudando dinero, manifestándose en las calles y editando periódicos por casi todo el territorio de Estados Unidos.

El lector no debe sorprenderse al conocer el abolengo burgués de algunas figuras revolucionarias. ¿No es cierto que Fidel Castro estudió en La Salle, Dolores y Belén, colegios reservados para la elite cubana? ¿No es verdad que Fidel y Raúl Castro provenían de una familia de terratenientes que llegó a tener 77.000 hectáreas en el este de la isla, en una zona donde sólo la escuela y la oficina de correos no les pertenecían? El joven Fidel Castro estudió Derecho en la Universidad de La Habana, donde conoció a su primera mujer Mirtha Díaz Balart, estudiante de Filosofía y Letras y hermana de

Rafael Díaz-Balart, jefe de las juventudes de Fulgencio Batista y viceministro de su gobierno. Como cualquier individuo de su clase social, Fidel Castro organizó su luna de miel mediante unas holgadas vacaciones en Nueva York. Por cierto, ese romance no terminó por diferencias ideológicas con su primera mujer, sino por una aventura extramatrimonial con la joven Naty Revuelta, empleada de la empresa petrolera norteamericana ESSO, miembro del exclusivo *Vedado Tennis Club* y casada con el famoso cardiólogo habanero Orlando Fernández. Nadie lo ha confirmado, pero no es descabellado pensar que esta parte de su biografía aportó información sensible al Partido Socialista Popular de los comunistas cubanos, para considerar el proyecto revolucionario de Fidel Castro como arquetípico de un pequeño burgués. Como líder de la burguesía nacional lo veía en la Sierra Maestra el famoso guerrillero de origen argentino Ernesto *Che* Guevara, avanzado el año 1957. Todavía en

1959, el Partido Socialista Popular insistía en el origen pequeño burgués y el carácter democrático-burgués de la revolución encabezada por los guerrilleros barbudos de Fidel Castro.

Sabemos que, de acuerdo con las circunstancias, la historiografía tradicional cubana ha insistido en el origen campesino y proletario de la Revolución. Sin embargo, siempre ha esquivado la pregunta acerca de la relevancia que en el apoyo campesino a los guerrilleros de la Sierra Maestra tuvo la coerción ejercida por los revolucionarios. "Si voy para allá, me mata la guardia. Si me quedo aquí, me matan ustedes. Entonces ¿qué hago?", confesó a un jefe guerrillero un campesino en medio de un conflicto en que se vio inmerso involuntariamente. La secuencia del interrogatorio, el consuelo espiritual del sacerdote guerrillero Guillermo Sardiñas, el vendaje de sus ojos por el jefe guerrillero Raúl Castro y la muerte por fusilamiento del campesino Carlos Ramírez, fue protagonista de un reportaje del periodista Andrew Saint George publicado en la revista *Look* el 4 de febrero de 1958. A esa misma historiografía que tantas veces ha suscrito el apoyo obrero a la revolución, le sigue faltando explicar porque los trabajadores no acudieron a la convocatoria revolucionaria de huelga general el 9 de abril de 1958. Que luego los obreros asistieron a la huelga general tras la huida de Fulgencio Batista, y los campesinos lo arroparon en masa el 26 de julio de 1959, debe ser entendido como un capítulo aparte relacionado con el ejercicio del poder del mandatario Fidel Castro. Apoyo transversal de todo el tejido social a una revolución de ingredientes nacionalistas, activado por líderes políticos emergentes de las capas medias, cuyo presupuesto era la violencia como la única vía adecuada para expulsar del poder al golpista Fulgencio Batista, en el escenario del mundo bipolar de la Guerra Fría, parece ser el marco cognitivo adecuado para los orígenes de la Revolución cubana.

Quizás la procedencia social de la cúpula revolucionaria y el entusiasmo de sus simpatizantes se explica mejor cuando abordamos la problemática económica en Cuba. Una cosa eran las cifras macroeconómicas, y otras las enormes diferencias que existían a favor de La Habana y los Estados Unidos de América.

La realidad es más compleja de lo que algunos suponen. A la llegada de Fidel Castro al poder el primero de enero de 1959, Cuba no era ni un paraíso ni el apocalipsis. En términos macroeconómicos, en la antesala del triunfo de la revolución castrista, el ingreso per cápita nacional era de unos 374 dólares, similar al de Italia y la extinta Unión Soviética, sólo superado por Venezuela y Uruguay en el entorno de América Latina. Se estimaba que, después de Estados Unidos y un grupo de naciones europeas (que alcanzaban el 50% de los niveles de ingresos de Norteamérica), Cuba integraba un grupo intermedio de naciones donde la renta per cápita se situaba en torno al 30 por ciento de los niveles de ingresos estadounidenses, junto a países como Italia, Argentina, Uruguay y Venezuela.

El economista germano-estadounidense Henry Christopher Wallich, que fue profesor de la Universidad de Yale, miembro de la Junta de Gobernadores de la Reserva Federal de Estados Unidos y autor del libro *Monetary Problems of an Export Economy: The Cuban Experience 1914-1947* afirmaba que Cuba tenía el ingreso per cápita más alto de todos los países tropicales. El Banco Mundial también respaldaba esta percepción tras haber viajado sus expertos por la isla en 1951, concluyendo que los niveles de vida de los agricultores, los obreros industriales y los comerciantes, eran más altos que los de la mayoría de los países de América Latina. El destacado economista Carmelo Mesa-Lago ha constatado que, en los albores del año 1959, Cuba no solo era una de las economías latinoamericanas con mayor Producto Interno Bruto per cápita, sino la más equitativa, donde el porcentaje de los salarios en el PIB o la cobertura de sus pensiones alcanzaba el 63%. A la vez, el porcentaje de desempleados en el año 1958 era del 11.8%, cuando era del 10.2% de Alemania, del 8.7% de Dinamarca y del 5% de los Estados Unidos.

Desde otro ángulo, en la isla los niveles de consumo se aproximaban al 70 por ciento de las cotas reflejadas en las estadísticas de los países europeos. Aunque Argentina, Uruguay, Venezuela y Panamá tenían más coches por habitantes, solo en Argentina, Uruguay y Chile había más teléfonos, frigoríficos, aparatos de televisión y radio transistores por persona que en Cuba. En cantidad de coches, televisores, radio receptores y teléfonos, la isla se clasificaba por encima de países europeos como Italia, España, Portugal y Grecia. En la Cuba de los años cincuenta había 20 coches por cada 1.000 personas, mientras en Europa y Estados Unidos este mismo indicador era de alrededor de 44 y 314 vehículos por cada 1.000 habitantes respectivamente. Con 73 televisores por cada 1.000 personas, Cuba superaba el promedio regional de 11, mientras en Europa y Estados Unidos las ratios equivalentes eran de 81 y 308 televisores por cada 1.000 habitantes. En estos años, Cuba contaba con 152 aparatos de radio por cada 1.000 personas, por encima de los 96 que promediaba Latinoamérica, y por debajo de las ratios de 269 y 941 de Estados Unidos y Europa.

A los aceptables niveles de renta per cápita y de consumo, debemos añadir la tasa de alfabetización, el sistema público de atención médica y la cobertura de la seguridad social. En 1953 el 74.3% de los cubanos sabía leer y escribir y la matrícula escolar ascendía al 60.9%, por detrás de Argentina, Uruguay, Chile y Costa Rica en América Latina. Se asegura que en el año 1956 Cuba tenía un índice de analfabetismo del 23.6%, cuando Haití tenía el 90%, mientras

El Salvador, Bolivia, Venezuela, Brasil, Perú, Guatemala alcanzaban alrededor del 50%. En aquella década, el sistema público cubano de atención médica ofrecía algunos parámetros de salud, como la tasa de mortalidad infantil y la esperanza de vida, con resultados admisibles para un país en desarrollo. En 1955 la tasa de mortalidad infantil era de 37.6 decesos por cada 1.000 nacimientos, cuando el promedio regional alcanzaba los 105. La cifra de Cuba estaba muy cerca de la registrada en los países europeos, donde esta tasa era de 32, y resultaba comparable a la de Estados Unidos, donde el valor era de 26. Ese mismo año, la esperanza de vida en Cuba era de 64 años, solo superado por Argentina y Uruguay en Latinoamérica. Aunque inferior al promedio europeo de 71 años, y al de Estados Unidos de 69 años. Un papel fundamental en el nivel de vida de los cubanos antes de la llegada al poder de Fidel Castro lo jugaban sus mecanismos redistributivos, en especial las políticas de asistencia social. En el año 1958, se considera que el 62% de la población activa estaba cubierta por algún plan de seguridad social.

No estaba mal. Pero nótese que hasta ahora hemos hablado de cifras macroeconómicas. Cuando fijamos la mirada en las diferencias entre las zonas rurales y las zonas urbanas saltan las alarmas. Cifras de esa época revelan que el 58% de los hogares contaba con luz eléctrica, pero de ese porcentaje el 87% corresponde a las zonas urbanas. Sólo el 1% de las casas rurales tenía baño y de esa cifra el 3% disponía de retretes interiores. En general, dos tercios de las casas campesinas eran bohíos con techos de hoja de palma y suelo de tierra. Más del 25% de su población carecía de trabajo durante todo el año, y contaban con un maestro por 159 niños cuando en las ciudades se registraba un maestro por 18 niños en edad escolar. La tasa de analfabetismo en el campo alcanzaba el 43%, mientras entre 1937 y 1957 el salario creció un 83% en las ciudades,

un 54% en la industria azucarera y un 15% en
la agricultura cañera. Si a ello añadimos que La
Habana acumulaba el 60% de los médicos, el
80% de las camas de hospital, el 50% del total
de la industria, el 60% de los graduados secun-
darios, el 50% de los egresados de las escuelas
de oficio y el 70% de los universitarios, comen-
zamos a precisar bien el dilema cubano. Unido
a un problema endémico en América Latina: el
20% de la población con mayores ingresos disponía al menos del 60% de la renta nacional.
Dos realidades tan totalmente opuestas que, tal
y como describió el autor de *Cuba The Morning
After: Confronting Castro´s Legacy,* Mark Falcoff,
la Cuba urbana se asemejaba a un país del sur
de Europa, mientras que la Cuba rural reflejaba las necesidades de la mayoría de los países de
América Latina y el Caribe. Carecemos de datos
fiables, pero se conoce que estas cifras adquirían
un plus de peligrosidad, si nos referimos a las
mujeres y a los afrodescendientes cubanos.

Y no lo hemos dicho todo. Esa Cuba urbana que gozaba de notables niveles de vida en los años cincuenta, dependía de una economía estructuralmente deformada en la producción de azúcar y la dependencia del mercado de los Estados Unidos. La caña representaba más del 50% de los terrenos cultivables, y el sector azucarero la mitad del total de la producción agrícola y un tercio de la industrial. Aun cuando el capital cubano controlara el 71% de las fábricas y el 56% de toda la producción, el azúcar constituía el 80% de las exportaciones y su mercado natural radicaba en los Estados Unidos. En los años cincuenta, la producción iba a la baja. De producir alrededor de una tonelada de azúcar por habitante en los años veinte a una proporción del 0.86. Y sus efectos se pueden explicar así: de país receptor a emisor de emigrantes. Cerca de tres mil anuales en la primera mitad de la década, hasta doce mil anuales entre 1955 y 1958. Casi todos hacia territorio de los Estados

93

Unidos. De hecho, en el Manifiesto No.2 del 26 de Julio Al Pueblo de Cuba, fechado el 10 de diciembre del año 1955, Fidel Castro calificaba "las colas delante de un consulado extranjero solicitando la visa para emigrar del país", como una de las condiciones que amargaban vivir en la isla a los ciudadanos cubanos.

Lo anterior ofrece un cuadro bastante certero de la Cuba prerrevolucionaria. Le deberíamos añadir una pincelada que se acerque a la realidad que nos interesa desvelar: el deterioro de la democracia mediante la crítica (unas veces cierta y otras inventadas) a la corrupción de los gobernantes nacionalistas Ramón Grau San Martín (1944-1948) y Carlos Prío Socarrás (1948-1952). La corrupción política fue el argumento principal que justificaba la fundación por parte del político Eduardo Chibás del Partido del Pueblo Cubano (Ortodoxos) en 1947, al que se apuntó con entusiasmo el joven Fidel Castro. "Vergüenza contra dinero" fue la consigna principal de ese proyecto político contra los gobiernos del Partido Revolucionario Cubano (Auténtico) del cual Eduardo Chibás había formado parte. Con todo, el deterioro de la democracia por la corrupción (cierta o inventada por sus adversarios) de los gobernantes del Partido Revolucionario Cubano (Auténtico), favoreció el camino hacia el poder del golpista Fulgencio Batista primero y, después, del revolucionario Fidel Castro.

4. Cuba, Estados Unidos y viceversa. Una enemistad íntima e insuperable

El 17 de marzo de 1960, el presidente republicano Dwight Eisenhower decidió, junto con los cuerpos de inteligencia de los Estados Unidos, acabar con el régimen de Fidel Castro por su alianza con el bloque comunista liderado por la Unión Soviética. De esta fecha es la aprobación del plan Bahía Cochinos. Antes, habían mantenido un duelo retórico mediante sus representantes en ambos países, pero sin demasiadas estridencias. Castro aseguraba que no era comunista y Eisenhower forcejeaba para rebajar el impacto en los negocios de la Reforma Agraria en Cuba. El comandante supremo aliado en la Segunda Guerra Mundial criticaba los fusilamientos en la isla y el comandante en jefe del Gobierno Revolucionario le echaba en cara las muertes por las bombas lanzadas en Hiroshima y Nagasaki.

Richard Nixon, que como vicepresidente recibió a Fidel Castro en la Casa Blanca el 19 de abril de 1959, afirmó que aquel día decidió que había que derrocarlo. Pero eso lo dijo después en sus memorias. En aquel momento histórico, Estados Unidos se oponía a la entrada en su territorio del general golpista Fulgencio Batista y había sido uno de los primeros en reconocer el gobierno de los guerrilleros de la Sierra Maestra. Nixon que como candidato republicano perdió las elecciones con el demócrata John F. Kennedy, hasta titubeó sobre el alcance de su distanciamiento con Castro en los debates televisivos, con la intención de encubrir los pormenores de la futura invasión armada que ya conocía, frente a un Kennedy desatado en la defensa de Occidente ante la infiltración comunista en Cuba.

Sin embargo, en la memoria colectiva del anticastrismo, a John F. Kennedy se le recuerda no sólo por trazar las líneas maestras del embargo económico a la isla, sino por "traicionar" a los expedicionarios cubanos que desembarcaron en Bahía de Cochinos el 17 de abril de 1961. "¡Por favor, no nos abandonen!" dicen que rezaba el mensaje del comandante de la Brigada de Asalto 2506, José San Román, cuando ya había perdido 114 hombres en combate y otros 1.197 estaban a punto de ser capturados por los militares al mando de Fidel Castro. Por el contrario, Richard Nixon suena más en las tertulias dedicadas a los asuntos de Cuba por el espionaje en la sede demócrata conocido como "caso Watergate", que le costó la presidencia el 9 de agosto de 1974. Un escándalo político sin precedentes, en el cual estuvieron involucrados algunos cubanos anticastristas en un grupo al que llamaron "Fontaneros de la Casa Blanca".

Desde entonces, a los presidentes estadounidenses se les conoce más por sus actuaciones broncas que por sus actos de conciliación en la historia reciente de Cuba. En el imaginario de los cubanos revolucionarios, a cada presidente se le identifica por las acciones contra la revolución castrista. Al demócrata Lyndon Johnson por la llamada "Ley de Ajuste Cubano", que privilegia la emigración de los cubanos como refugiados políticos, y al republicano Gerald Ford por la voladura en pleno vuelo de un avión de Cubana de Aviación por parte de opositores castristas en 1976. El demócrata Jimmy Carter es recordado por el enorme éxodo de cubanos a través del puerto del Mariel, mientras al republicano Ronald Reagan por fundar la radio y la televisión "José Martí", así como la invasión de la isla de Granada tras el golpe de Estado perpetrado por Hudson Austin mediante su alianza militar cubano-soviética.

Mientras los republicanos George H. W. Bush (padre) y George W. Bush (hijo), serían perpetuados por limitar los viajes y las remesas de familiares y la "Ley Torricelli" que reforzó el carácter extraterritorial del embargo a Cuba. No se libran de esta clasificación ni los demócratas Bill Clinton, Barack Obama y Joe Biden. Clinton es mencionado como el artífice de la "Ley Helms Burton", a la vez que los esfuerzos aperturistas de Obama y Biden han sido tildados de insuficientes. El "Memorando Presidencial de Seguridad Nacional sobre el Fortalecimiento de la Política de los Estados Unidos hacia Cuba", del republicano Donald Trump, quizá sea el documento más mencionado para caracterizar su perfil hostil respecto al gobierno cubano. Una andanada de medidas destinadas a debilitar el régimen castrista que incluía el retiro de la mitad del personal de la embajada en La Habana, la inclusión de la isla en el listado de países patrocinadores del terrorismo, el aumento de las restricciones para viajar a territorio cubano, la reducción de las remesas familiares, la prohibición de los viajes en cruceros, yates o aviones privados, así como la limitación de negocios con entidades vinculadas a las Fuerzas Armadas que controlan el turismo y el mercado minorista en Cuba.

Se trata sólo de una parte de la verdad. Toda la colección de desencuentros históricos entre vecinos incómodos debería llevar notas al margen indicando los diferentes momentos en que las relaciones pudieron ser de otra manera. "Cuba nunca desaprovecha una oportunidad para desaprovechar una oportunidad", expresaba un funcionario estadounidense no identificado en un reportaje muy reciente del *New York Times*, verbalizando una idea central de lo que han sido las traumáticas relaciones entre Cuba y Estados Unidos desde la victoria de Fidel Castro en 1959.

Efectivamente, la obsesión del núcleo duro del castrismo por mantener el poder los ha llevado a rechazar una y otra vez cualquier posibilidad de trabajar por la convivencia con "el gigante de siete leguas" como se refería José Martí a los Estados Unidos. Durante más de 65 años en que los objetivos iniciales de la revolución castrista se han desfigurado tanto que han colocado a una porción sin precedentes de la población de la isla en la rampa de salida hacia la emigración. De la marcha de hasta 12.000 personas anuales contabilizadas entre 1955 y 1958 a las 300.000 que han abandonado la isla hacia los Estados Unidos entre los años 2024 y 2025. Paradójicamente, con la misma explicación que utilizó Fidel Castro en el Manifiesto No.2 del 26 de Julio Al Pueblo de Cuba, el 10 de diciembre de 1955, cuando consideraba la emigración una consecuencia de las amargas condiciones de vida de los ciudadanos en la isla. Pero con tres distinciones: una, que desde el 25 de noviembre de 2016 no existe Fidel Castro; la segunda, que tres generaciones después, los cubanos emigran hoy hacia el que se consideraba territorio del enemigo irreconciliable que durante tantos años ofreció sentido a su discurso revolucionario. Y la tercera: el restablecimiento de relaciones diplomáticas con el país que configuraba el enemigo incompatible el 20 de julio de 2015, ha difuminado la figura negativa que permitió a la estética revolucionaria elaborar su mito de resistencia ante los Estados Unidos.

Fidel Castro concibió la política como una guerra, y rechazó explícitamente algunas oportunidades de enfriar el conflicto con Washington, coyunturas que habrían ayudado a reformar y mejorar las condiciones de vida de los habitantes de la isla. Una oportunidad de alto calibre constituyó el acercamiento de los presidentes estadounidenses Gerald Ford y James Carter entre los años 1975 y 1976. Consciente de la evidente consolidación del poder castrista a esas alturas, Henry Kissinger, secretario de Estado del republicano Gerald Ford, trató de relajar el conflicto bilateral mediante una negociación que no llegó a buen puerto tras enviar

Fidel Castro tropas a Angola, en colaboración con el bloque soviético en el contexto bipolar de la Guerra Fría. Con todo, aquellas negociaciones precedieron a la creación de un marco de desescalada de los países latinoamericanos y del gobierno de los Estados Unidos liderado por el presidente demócrata James Carter, que se materializó en la anulación por parte de la Organización de Estados Americanos de las sanciones a la isla (julio de 1975), el acuerdo de La Habana y Washington para la apertura de oficinas de intereses bajo banderas de Checoslovaquia y de Suiza (mayo de 1977), la reanudación de los viajes comerciales entre los Estados Unidos y Cuba (julio de 1979) y la liberación de unos 3.600 presos políticos en noviembre de 1979. Casi 20 años después de la llegada de Fidel Castro al poder, ahora fue que el gobierno permitió la visita de los emigrados cubanos que desde 1959 en varias oleadas habían abandonado la isla. Se afirma que este reencuentro estimuló el nuevo éxodo de más dc 125.000 personas (1.3% de la población) por el puerto del Mariel, recogidos por sus familiares en pequeñas embarcaciones al oeste de La Habana entre el 15 de abril y el 31 de octubre del año 1980.

"Yo no soy Stalin", fue la respuesta de Fidel Castro a la economía de mercado, la transparencia informativa y la vía pacífica en las relaciones internacionales que le propuso el primer secretario del Partido Comunista de la Unión Soviética Mijail Gorbachov en La Habana, el 2 de abril de 1989, desperdiciando otra posibilidad real para reformar el régimen autoritario cubano. Poco antes, Fidel Castro había censurado la entrada en el país de las revistas soviéticas *Sputnik* y *Novedades de Moscú*, a la vez que apostaba por una estrategia de endurecimiento del poder en lo que llamó "Proceso de rectificación de errores y tendencias negativas". "Si alguien no está contento, que se vaya a Polonia o Hungría", se recuerda que exclamó durante aquellos días el ministro de las Fuerzas Armadas Raúl Castro zanjando el asunto. La caída del muro de Berlín y la desintegración de la Unión Soviética entre los años 1989 y 1991, estremecieron los valores axiológicos mediante los cuales se había construido el bloque comunista liderado por los soviéticos en el mundo bipolar de la Guerra Fría. Y, en consecuencia, renovó el umbral de la historicidad que explica el tiempo, el cambio y el sentido de la historia de nuestro tiempo.

"Cuba es un eterno Baragua", es una frase de Fidel Castro, heredada por su hermano Raúl y el nuevo mandatario Miguel Díaz Canel, que hace alusión al rechazo del general independentista Antonio Maceo a la llamada "Paz del Zajón" el 15 de marzo de 1878, firmada por el resto de los líderes nacionalistas cubanos con el Capitán General español Arsenio Martínez Campos, que había puesto fin a diez años de guerra y de muerte en la isla. La contundencia del enunciado anterior es sinónimo de cero negociaciones en Cuba. Quizás la conocida frase, que obstaculiza cualquier dialogo en el cual cada uno debe ceder para arribar a resultados positivos, explique las palabras de la secretaria de Estado de los Estados Unidos, Hillary Clinton, el 4 de abril de 2010, cuando afirmó que los hermanos Fidel y Raúl Castro no deseaban el fin del embargo a Cuba, porque a partir de entonces perderían todas sus excusas para permanecer en el poder.

Quien fungía como alto cargo de la administración demócrata del presidente Barack Obama, seguramente, se refería no solo a las circunstancias que rodeaban aquel momento histórico, sino al intento de normalización que alentó antes la Administración encabezada por su marido, Bill Clinton, en el año 1995. Iniciativa que concluyó cuando el gobierno cubano se negó a dialogar sobre temas como democracia y derechos humanos, rompiendo puentes de entendimiento mediante el derribo de las avionetas de los exiliados de "Hermanos al Rescate" que pretendían lanzar octavillas de propaganda sobre La Habana el 24 de febrero de 1996. Una acción que conllevó al consiguiente endurecimiento de las sanciones económicas por parte del gobierno demócrata de Washington, las cuales empeoraron las condiciones de vida en la isla.

Precisamente, el 24 de febrero de 1996 es la fecha que ha considerado el expresidente socialista español Felipe González que supuso un punto de inflexión del intento de desescalada protagonizado por la Unión Europea en la búsqueda de una transición pacífica hacia la democracia en Cuba tras la caída del muro de Berlín. "Me dijo que él se estaba sacrificando por la Revolución", recuerda Felipe González que le aseguró Fidel Castro. "¿Por qué no le preguntas a los cubanos si ellos quieren que te sigas sacrificando por la Revolución, o si prefieren que te vayas a descansar y dejes que hagan su vida?", asegura que le respondió en la intimidad a su viejo amigo en aquellos años convulsos.

Lo ocurrido en los años setenta, los ochenta y los noventa del siglo anterior, parecían iniciar el camino definitivo al entendimiento con el restablecimiento de relaciones diplomáticas entre Cuba y Estados Unidos el 20 de julio de 2015 de la mano del presidente demócrata Barack Obama. En su mandato se estrecharon los lazos del intercambio cultural y científico, se permitió mayor afluencia de turistas estadounidenses y se eliminaron trabas al envío de remesas desde el exterior. El proceso se frustró con el primer período presidencial del republicano Donald Trump (2017-2021), y las pocas posibilidades de maniobra de su sucesor, el demócrata Joe Biden (2021-2025), ante el inmovilismo del régimen castrista en materias de democracia, derechos humanos e iniciativa privada. Más recientemente, el segundo mandato del presidente republicano Donald Trump iniciado el 20 de enero de 2025, ha recuperado el distanciamiento con la Administración demócrata de su primera incursión en la política hacia la isla, a la vez que ha interrumpido el flujo migratorio cubano y ha establecido limites financieros a los diversos canales propagandistas de la oposición anticastrista, al despedir por despilfarro al 85% de los trabajadores de la agencia federal que engloba a la emisora *Voice of América* y Radio "José Martí". Recientemente su gobierno ha prohibido la entrada a territorio de los Estados Unidos al presidente cubano Miguel Díaz-Canel y a los ministros de las Fuerzas Armadas y el Ministerio del Interior Álvaro López Miera y Lázaro Alberto Álvarez Casas, por estar involucrados en casos de corrupción o violaciones de los derechos humanos, especialmente con la represión de las manifestaciones masivas en la isla el 11 de julio del año 2021.

5. ¿Qué será del pequeño planeta antillano?

Quienes vivieron en la isla aquellos años finales del socialismo real en Europa del Este recuerdan a una masa enardecida de cubanos fieles al régimen gritando "Socialismo o Muerte", mientras descendían atropelladamente por la escalinata de la Universidad de La Habana. Así apoyaban la nueva consigna de Fidel Castro que había sustituido a "Patria o Muerte", en su vibrante arenga de Santiago de Cuba el primero de enero de 1989. Era tan atronador el frenético coro de la muchedumbre celebrando los treinta años del poder representado por Fidel Castro, que apenas se escuchó la réplica "Y valga la redundancia", que entonó un pequeño grupo que caminaba en medio del frenesí revolucionario. Eran muy pocos frente a la masa. Han pasado más de 36 años de aquel suceso, y algunos de ellos seguro insistirán en que tenían razón.

Cuba y su régimen político cerraron una etapa cuando en 2006, por razones de salud, Fidel Castro renunció a sus cargos como máximo mandatario. En 2008 su hermano Raúl fue elegido presidente, y fue entonces cuando se dieron pasos para un acercamiento a los Estados Unidos propiciado desde 2014 junto al presidente Barak Obama. Se produjeron unas ciertas mejoras que, como hemos dicho, fueron bruscamente abortadas con la primera llegada de Donald Trump a la Casa Blanca en 2017, imposibles de mejorar para Joe Biden por la negativa de La Habana a avanzar en temas de democracia y derechos humanos, y de nuevo obstaculizadas por el presidente Donald Trump en el año 2025.

Con Barack Obama en la Casa Blanca dio la impresión de que había empezado el derribo del

Muro del Caribe, levantado durante la Guerra Fría. La prensa mundial de referencia se mostró unánime: se había abierto una nueva época para el continente americano. Y es que en la XXIII Cumbre Iberoamericana de Jefes de Estado y de Gobierno de octubre de 2013 pasaron cosas inimaginables: Raúl Castro dijo que Barak Obama era un hombre honesto, que había que ayudarlo frente al Congreso para eliminar el embargo; que él no era como los anteriores diez presidentes de los Estados Unidos, y que los cubanos estaban dispuestos a hablar de todo con los norteamericanos. Por su parte, Obama afirmó que el acercamiento a Cuba marcaba un punto de inflexión para toda la región, y que era posible un nuevo orden latinoamericano y una relación distinta y mejor entre los Estados Unidos y los países del sur del Río Grande.

Meses después, cuando Barack Obama visitó La Habana en 2014, dijo que Cuba sería lo que quisieran los cubanos. Estaba demostrando mucho pragmatismo y una buena dosis de inteligencia política. Conocía los graves problemas de la isla, y pensaba que no se podría mantener un castrismo sin los Castro. El presidente norteamericano afirmó que Cuba no era un enemigo para los Estados Unidos de América, y apostó por los cambios económicos que favorecerían a la mayor parte de la población, convencido de que tras ellos vendrían los cambios políticos. Se equivocó Obama. Faltó tiempo y sobraron opositores al acercamiento por ambos lados. No hubo señales efectivas de distensión desde La Habana, donde pareció imponerse el discurso inmovilista, lo que legitimó a los halcones de Washington. Barack Obama no levantó el embargo, vinieron las elecciones y Donald Trump venció a Hilary Clinton. A partir de entonces ambos países volvieron de nuevo a la casilla de salida, o más atrás todavía.

Cuando Miguel Díaz Canel sustituyó a Raúl Castro en la presidencia en el año 2018, Cuba prosiguió en su aislamiento y el deterioro de todos los indicadores se hizo más explícito con la salida de la isla de miles de hombres y mujeres. La crisis de la COVID en 2020 fue un torpedo contra el turismo, con lo cual todo fue a peor. En julio de 2021 se produjo una protesta generalizada y espontánea de ciudadanos que clamaban contra la miseria, el desabastecimiento, los apagones y la falta de un futuro razonable. El régimen acusó a los participantes de mercenarios y enemigos de Cuba; los reprimió con dureza, los detuvo y encarceló a cientos de ellos; algunos siguen cumpliendo condenas de años de prisión. Al conocer que se estaban produciendo protestas en todo el país, Díaz Canel se presentó en la Televisión Nacional con un discurso frontal: "La orden de combate está dada, a la calle los revolucionarios", dijo y sus partidarios salieron a las calles armados con palos y respaldados por la policía, para reprimir a los manifestantes. La respuesta del mandatario no pudo ser más brutal: "Estamos convocando a todos los revolucionarios del país, a todos los comunistas a que salgan en las calles en cualquiera de los lugares donde se van a producir estas provocaciones, desde ahora y en todos estos días. Y enfrentarlas con decisión, firmeza y valentía". Las protestas fueron ahogadas y el régimen demostró que su capacidad represiva continua intacta.

El gobierno cubano, más allá de su eficacia en eliminar cualquier disidencia política nacional, hace mucho que no provee a la mayoría de sus ciudadanos ni siquiera de la alimentación básica y necesaria; los servicios educativos y sanitarios, que décadas atrás le dieron fama, padecen los drásticos recortes presupuestarios así como carencias de todo tipo que se arrastran desde finales de los años ochenta; además, en el mundo interconectado en el que vivimos, los cubanos —particularmente los profesionales, los estudiantes y la juventud en general— pese a las limitaciones que padecen, han cambiado la realidad informativa: ahora —cuando hay fluido eléctrico— es posible utilizar la red para recibir y transmitir información, desde fuera y desde dentro de la isla.

Al unísono, el encono norteamericano ofrece cierta legitimidad al régimen, al tiempo que perjudica y degrada al máximo las condiciones de vida de la mayor parte de la población. El embargo refuerza paradójicamente al gobierno que lleva sesenta y cinco años culpando a este de todos y cada uno de los males que padece el país, sin asumir responsabilidad alguna por sus errores y con una palmaria incapacidad para revertir la situación. Empero el problema no es solo el embargo, que lo es y grande, el problema mayor es que la Cuba actual está en situación estructural crítica con fuertes signos de colapso.

"Ahora si vamos a construir el socialismo", afirmó Fidel Castro en 1986, un cuarto de siglo después de proclamar él mismo la construcción del socialismo en Cuba. A medio camino, en el discurso clausura del I Congreso del PCC en 1975 había prometido a los cubanos: "¡Construiremos el Socialismo! Y sin que nadie nos pueda acusar de soñadores, ¡nuestro pueblo llegará al comunismo!". Visto a larga distancia, parecía una cuestión de estados de ánimo más que de proyecto político. Como el 8 de septiembre de 2010, cuando en un arrebato de sinceridad aseguró al periodista Jeffrey Goldber que "el modelo cubano no funcionaba", para al día siguiente desmentirlo tras el revuelo causado por la dimensión de sus palabras en la opinión pública nacional y extranjera.

"Estamos construyendo el Socialismo", explicaba su hermano Raúl que pensaba con optimismo en las noches de desconsuelo, para a continuación preguntarse "¿Estamos haciendo el socialismo?", en un discurso el 11 de julio de 2008. Ese año, en otro discurso televisado, Raúl Castro reconoció la contracción que padecía la manufactura cubana, así como la necesidad de producir por lo menos para alimentarse. El presidente, que había substituido por enfermedad a su hermano Fidel dos años atrás, introdujo un paquete de reformas económicas que ahondaron las diferencias sociales en el interior de la isla sin pese a ello frenar el desplome de su economía. El despido de empleados estatales, la eliminación de gratuidades, la venta a precio de mercado de productos de primera necesidad antes subvencionados, y el aumento en cinco años de la edad de jubilación de los trabajadores, percutieron en la línea de flotación del sistema. "No es cuestión de gritar Patria o Muerte, abajo el imperialismo, el bloqueo nos golpea y la tierra ahí, esperando por nuestro sudor", afirmó el General de Ejército Raúl Castro en una arenga en Holguín un año después, refiriéndose a la imperiosa necesidad de producir más alimentos, criticando la cantidad de tierra en baldío y confesando los miles de millones de divisas anuales gastadas en la compra en el extranjero de mercancías alimentarias para la población, aseveró en la Plaza Mayor General Calixto García el 26 de julio de 2009, a cincuenta años de los ataques a los cuarteles de Santiago de Cuba y Bayamo que catapultaron a la primera línea de la política a Fidel Castro.

Cincuenta años de revolución, con la tierra improductiva y con la despensa vacía, y todavía la elite revolucionaria estaba pensando en un "nuevo plan" en Cuba. Un "nuevo" plan que pasaba, según el longevo dirigente, por la distribución de tierras como si fuera la solución mágica para la isla. No se habló de formación agrícola, ni de simientes, ni de fertilizantes, ni de patentes, ni de financiación, ni de infraestructuras de transporte, ni de redes de comercialización, ni de exportación. Hacía muchos años que no se mencionaba la industrialización. Solo se habló de hacer un "nuevo plan" de reparto de tierras, al estilo de la famosa reforma agraria que implementaron en 1959.

Como un "tema de seguridad nacional" consideró ahora el hermano pequeño de Fidel Castro producir alimentos para ahorrar en importaciones. En una fecha que tradicionalmente invitaba a la esperanza, el dirigente se centró en cuestiones económicas, y provocó un baño de realismo para un país agrícola que —según sus propias palabras— se ve obligado a importar buena parte de los alimentos que consume, mientras mantiene sin cultivar más de la mitad de las tierras que son propiedad del Estado. Nada dijo el mandatario de las felices previsiones de los años sesenta, que recordadas ahora resultan hirientes. Nadie se rio o protestó entre los miles de asistentes bajo un sol de justicia. Es más, los aplausos fueron vehementes y entusiastas cuando, en aquel momento, dijo que había que trabajar más: "No nos engañemos más; si no hay presión, si no existe la necesidad de trabajar para satisfacer mis necesidades, y me lo están dando gratis por aquí y por allá, nos quedaremos sin voz llamando al trabajo".

Dieciséis años más tarde "el plan" de Raúl Castro tampoco ha funcionado. Lo cierto es que de las previsiones exultantes que Fidel Castro se encargó de publicitar en extensas arengas públicas en los años sesenta, se había pasado a los discursos calamitosos de su hermano Raúl más de cinco décadas después de tomar el poder político. En 1961, el máximo líder Fidel Castro decía: "Es en la agricultura donde están nuestras posibilidades inmediatas, es en la agricultura donde los frutos se van a ver más pronto". En un documental oficialista, en concreto el Noticiero de ICAIC de aquellos años, la voz en *off* dice:

> "El Comandante Fidel Castro lee las conclusiones que resolverán el abastecimiento pleno de carne antes de fines de año para la capital, y en febrero del año entrante en todos los mercados. A partir de enero de 1962, el abastecimiento de viandas superará todas las necesidades del mercado. En junio del propio año, la producción de pesca alcanzará las

necesidades del consumo, y en enero del 63 se dará solución definitiva al problema de las grasas. No es una promesa. Es un compromiso del gobierno revolucionario con la patria en la seguridad de cumplir las metas de la producción trazadas en las fechas señaladas".

En aquel documental oficialista de 1961 se alardeaba —por ejemplo— de la producción de huevos, y se decía que las gallinas habían desbordado todas las previsiones de crecimiento de la producción, hasta el punto de que se había comenzado a exportar este producto. Eran los años en que triunfó la consigna "Consuma productos cubanos", indicando hacia una economía que abastecía en muchos alimentos las necesidades domésticas. Era la época del entusiasmo embriagador, en que se consideraba que en 1961 el programa de *La historia me absolverá* había sido cumplido. Ni lo uno ni lo otro. Hoy aquellos problemas sobreviven y en la canasta básica de alimentación que subsidia el Estado, la realidad dista mucho de aquellas previsiones tan optimistas, y cada cubano puede adquirir a precio subsidiado tan solo cinco huevos al mes.

La reflexión de Raúl Castro en la Plaza Mayor General Calixto García, de Holguín, el 26 de julio de 2009, ha quedado en agua de borrajas. La situación no ha mejorado un ápice. Así y todo, el presidente Miguel Díaz-Canel aseguró no hace mucho que el actual no es el peor momento de un Gobierno cubano después de 1959. Que la invasión de Playa Girón (Bahía Cochinos) en 1961 y el "Período Especial en Tiempo de Paz" de los años noventa del siglo XX, fueron más complicados para la gobernabilidad en la isla. Muy probablemente se equivoca. Nunca convergieron cinco factores como los siguientes:

A) Una crisis económica estructural, a la que la ciudadanía no ve final, con sus apagones y sus carencias de todo tipo.

B) Más allá del apoyo de sus actuales valedores geopolíticos, China y Rusia, no hay forma de revertir los fallos multiorgánicos de la economía cubana.

C) El agotamiento simbólico del modelo es prácticamente absoluto entre la población, y es inocultable la presión de al menos las dos generaciones que nacieron y han vivido en medio de crecientes penurias. Lo que se materializa en una emigración en cifras nunca vistas.

D) El régimen ya no detenta el monopolio de la información como antaño, y es que, mal que bien, Internet es una ventana a la realidad del siglo XXI. Además, los migrantes y exiliados no solo envían a la isla remesas de dinero, sino que también remiten noticias, experiencias y cambios culturales que viven en sus nuevos lugares de residencia.

D) El nuevo republicanismo de la Casa Blanca parece más agresivo que el conservadurismo histórico.

No es fácil saber qué le espera a Cuba en el futuro más o menos próximo. La economía atraviesa una grave crisis, considerada por muchos expertos como la peor desde los años de la revolución. Si bien no se declara formalmente en "quiebra", en términos estrictos de bancarrota soberana, la situación presenta múltiples signos de un colapso económico significativo. Contamos con algunos indicadores que ofrecen pocas dudas en cuanto a la magnitud del problema, diga lo que diga el actual presidente Miguel Díaz Canel:

- Recesión y bajo crecimiento: Se proyectó un crecimiento económico muy bajo para 2024, incluso por debajo de otros países con dificultades en la región. Entre 1.3% y 1.8%, se había movido el Producto

Interno Bruto durante los años 2021 y 2022, marcado por la baja productividad, las bajas exportaciones, la insuficiente recuperación del turismo y de las remesas enviadas por los cubanos desde el extranjero. En 2023, el PIB se contrajo aún más, según cifras aportadas por el propio gobierno.

– Inflación galopante: Aunque la inflación oficial interanual cerró 2024 en un 24.88%, la inflación en el mercado informal es mucho mayor, erosionando el poder adquisitivo de la población. Con una inflación anterior del 77.03% en 2021, 39% en 2022 y 45% en 2023, no es raro que el gobierno haya decidido eliminar las habituales imágenes de los líderes revolucionarios de las bodegas expendedoras de víveres, para evitar reacciones por la pérdida del poder adquisitivo de los salarios y de las pensiones de los consumidores

– Escasez de productos básicos: Se registra una severa escasez de alimentos, medicinas y otros productos esenciales, recordando la crisis de los años 90.

– Deterioro de servicios públicos: Los servicios públicos se ven afectados, con apagones prolongados y dificultades en el transporte debido a la falta de combustible.

– Depreciación de la moneda: El peso cubano se devalúa constantemente en el mercado informal frente al dólar y el euro.

– Bajo rendimiento del sector exportador: Las exportaciones han disminuido significativamente en sectores clave como el níquel, el azúcar y el turismo. Hasta un 54% cayó en 2023 la producción industrial, una cifra menor que la mitad de lo que señalaban las estadísticas en 1989.

– Déficit fiscal: A pesar de los esfuerzos por reducirlo, el déficit fiscal sigue siendo alto, lo que genera riesgos inflacionarios.

– Deuda externa: Cuba enfrenta una deuda externa considerable que dificulta su acceso al financiamiento internacional. 29.400 millones de dólares alcanza el monto de la deuda externa, la segunda mayor de América Latina. Y eso que entre 2011 y 2015 China, México, Rusia y el Club de París le han perdonado millones de dólares. Según los expertos, unas indulgencias que han evitado que la deuda de Cuba supere el 100% del PIB. Se afirma, además, que, por encima de la cuantía de la deuda externa, el mayor problema en la actualidad es la nula capacidad para endeudarse. Esto explica que, a pesar de los 7.638 millones de dólares en importaciones de Estados Unidos autorizadas por la "Ley de Reforma de Sanciones Comerciales y Mejora de Exportaciones" desde el año 2000, resulte insuficiente la carne de pollo y de cerdo, la leche en polvo, el arroz y el café, el trigo, el aceite de soja, los artículos de belleza y los coches importados, según los datos del Departamento de Agricultura de Estados Unidos y el Consejo Económico y Comercial Estados Unidos-Cuba.

– Éxodo migratorio: La difícil situación económica ha provocado una ola migratoria sin precedentes.

En resumen, la economía cubana se encuentra en una situación crítica con fuertes signos de colapso, afectando gravemente la vida diaria de sus ciudadanos. En cualquier caso, desde el año 1958 hasta el año 2025, el cuadro estadístico que avala el desarrollo económico de los países ha dado un vuelco de 180 grados en Cuba. A la cola de su entorno regional en varios rubros económicos, a nadie le pasaría por la cabeza tratar de ahora de comparar el nivel de bienestar de la isla con los países del sur de Europa.

La eliminación de cualquier trato igualitarista y el énfasis en el aumento de la riqueza para poder distribuirla ha rebajado la prioridad de las políticas sociales en favor de los más desfavorecidos. Al considerar el equilibrio económico como condición previa para poder atajar las desigualdades, las carencias de las zonas rurales, las mujeres y los afrodescendientes han vuelto a aflorar en los análisis sobre la salud, la educación y la vivienda en la isla. Hoy son los cubanos blancos, hijos de profesionales, universitarios y dirigentes revolucionarios, que viven en las cabeceras municipales y provinciales, quienes mejor pueden acceder a la educación superior, en un país donde en el año 2017 la matrícula universitaria llegó a contraerse casi tres veces respecto a la del curso 2010-2011. Según datos del último censo realizado, el 39% del fondo habitacional del país se encontraba en regular o mal estado. Y a pesar de que la mayor parte son casas y apartamentos, el 2,22% son bohíos, el 0,32% improvisadas y 0,49% son habitaciones de cuarterías, las casas de vecindad que se conocen también como solares en Nicaragua, República Dominicana o Cuba. En un país con aproximadamente ocho millones de habitantes, se contabilizaron como déficit habitacional 929.695 viviendas en el año 2018. No tener en cuenta los aspectos anteriores, consiste en identificar la verdadera realidad de la isla con la auto representación que durante tantos años ha exportado con éxito al mundo la engrasada maquinaria publicitaria del régimen castrista.

Más allá de la economía, pero relacionada con ella, en 2025, el peso geopolítico de Cuba se ve significativamente limitado por su grave crisis interna, que la hace muy dependiente del apoyo externo. Si bien mantiene una presencia diplomática e influencia ideológica dentro de ciertos foros regionales, su capacidad de acción independiente en el escenario mundial es limitada.

China proporciona un apoyo económico crucial a través de inversiones, préstamos y comercio, actuando como el principal socio comercial de Cuba y un sustento vital frente a las sanciones estadounidenses. Rusia ofrece una asistencia estratégicamente importante, particularmente en los sectores energético y militar, y apoya activamente la integración de Cuba en plataformas multilaterales no occidentales. Estas relaciones están impulsadas por una convergencia de necesidades económicas, alineación ideológica y un deseo compartido de desafiar la influencia estadounidense.

El estatus de Cuba como socio de BRICS+ desde el 1 de enero de 2025 ofrece una victoria simbólica y potenciales beneficios económicos y diplomáticos a largo plazo a través de una mayor participación con las principales economías emergentes. Sin embargo, los beneficios tangibles inmediatos podrían verse limitados por las persistentes debilidades económicas del país, lo que requiere reformas estructurales para aprovechar las oportunidades que presenta esta asociación. Además, la estrecha alineación con BRICS+, particularmente con China y Rusia, conlleva el riesgo de mayores tensiones con Estados Unidos.

La trayectoria geopolítica de Cuba en los próximos años probablemente estará determinada por la interacción de sus desafíos económicos internos, la fortaleza y la naturaleza de sus alianzas con China y Rusia, y la evolución de la política exterior de Washington. Sin reformas internas significativas y una cierta flexibilización de las sanciones estadounidenses, Cuba probablemente seguirá dependiendo en gran medida de sus relaciones con China y Rusia, que continuarán desempeñando un papel crucial en su supervivencia económica. El potencial de una mayor cooperación militar y de inteligencia con estas potencias seguirá siendo un punto de preocupación para Estados Unidos, lo que garantizará que Cuba siga siendo un actor estratégicamente importante, aunque económicamente inviable, en el hemisferio occidental.

Los cubanos de a pie, los que estaban llamados a ser los beneficiarios de aquella revolución que enamoró a tantas personas son, casi seis décadas y media después, las víctimas principales de un conflicto completamente enquistado. La generación de los Padres de la Revolución, con mayúscula, está prácticamente desaparecida. Con 94 años en su calendario personal, Raúl Castro y pocos más de los ancianos dirigentes originarios siguen activos. 90 y 97 años tienen ya Ramiro Valdés y Guillermo García, considerados junto a él como los "Comandantes históricos de la Revolución Cubana". Cien años cumpliría el año próximo el Comandante en Jefe Fidel Castro. Para que se tenga una idea de la trascendencia de la permanencia en el poder de esta generación, sépase que ha sobrepasado en el tiempo a todos los gobiernos republicanos juntos, desde la fundación de la República de Cuba el 20 de mayo de 1902.

Que una parte de los hijos de aquel hecho histórico fundacional son quienes están en el poder, y que no confían en un posible relevo generacional, lo demuestra la presencia del actual presidente Miguel Díaz-Canel, a quien fue necesario transformar a la carta las normas vigentes de gobernanza para que pudiera seguir en el poder con sus más de 65 años cumplidos. "Viva Díaz-Canel", exclamó con voz débil y apariencia delicada el nonagenario dirigente Raúl Castro en la Asamblea Nacional en 2025, a la vez que levantaba el brazo del presidente en señal del apoyo de la diezmada generación de 1959.

El apoyo es recíproco. En dos direcciones: de Raúl Castro a Miguel Díaz-Canel y de este a los hermanos Fidel y Raúl Castro. Miguel

Díaz-Canel, que no hizo la revolución, forma parte de la generación de los hijos de ésta, pero se legitima en la primera generación de revolucionarios. Así, en su primer discurso en el poder, aseguró que Raúl Castro "sigue siendo el referente para la causa revolucionaria, enseñando y siempre presto a enfrentar al imperialismo, como el primero, con su fusil a la hora del combate". Las líneas maestras de su estrategia conservadora, han quedado claras desde el inicio: "Aquí no hay espacio para una transición que desconozca o destruya la obra de la Revolución". Además, para evitar confusiones, añadió: "A quienes por ignorancia o mala fe dudan de nuestro compromiso, debemos decirles que la Revolución sigue y seguirá, [pues] el mundo ha recibido el mensaje equivocado de que la revolución termina con sus guerrilleros". En su alocución, el nuevo presidente se decantó por la retórica propia del régimen, una práctica en la que la propaganda siempre ha primado sobre el análisis razonado. "Convertir los reveses en victoria", fue la frase que utilizó en la conmemoración correspondiente al año 2025 del aniversario del asalto a los cuarteles Moncada y Carlos Manuel de Céspedes. Una famosa expresión que esgrimió el máximo líder Fidel Castro tras el estrepitoso fracaso de la llamada "Zafra de los Diez Millones" en el año 1970, y que en 2025 rescata el presidente Miguel Díaz-Canel, proponiendo la misma fórmula política, económica y social de siempre, pero prometiendo que ahora sí traerá resultados distintos en Cuba.

Lealtad a Raúl Castro y veneración del difunto Fidel Castro, es lo que utiliza Miguel Díaz-Canel para legitimarse y ofrece a la población cubana como habitual retórica llena de lugares comunes. Ciertamente, el liderazgo asfixiante del mayor de los Castro es agotador: en todas partes, desde la TV, desde las páginas de Granma, en la enseñanza... Veamos un par de ejemplos de Granma, el órgano oficial del Partido Comunista de Cuba. El titular de la noticia es: "Pioneros cubanos recitan "Canción a Fidel", el "novio de todas las niñas que tienen el sueño recto". Efectivamente, el poema es en sí mismo surrealista, todavía más recitado por niños de diez u once años:

"Ese Fidel insurrecto / respetado por las piñas, / novio de todas las niñas /que tienen el sueño recto / (…) Gracias por ser de verdad, / gracias por hacernos hombres, / gracias por cuidar los nombres / que tiene la libertad/ Gracias por tu dignidad, / gracias por tu rifle fiel, / por tu pluma y tu papel, / por tu ingle de varón. / Gracias por tu corazón, / ¡Gracias por todo, Fidel!"

Otro de los incontables homenajes que encontramos en el gacetillero oficial es una canción, con el vídeo de la grabación con jóvenes cantantes. El título es bien expresivo: "Cabalgando con Fidel", y el subtítulo de la noticia, también: "El pueblo cubano continúa el rumbo

141

marcado por su guía". Destaquemos una de las estrofas, cantada por una muchacha de preciosa voz: "Hoy no quiero decirte comandante / ni barbudo ni gigante / todo lo que sé de ti / Hoy quiero gritarte, padre mío / no te sueltes de mi mano / aún no se andar bien sin ti".

Siempre ha sido potente el gobierno castrista en el apartado de la propaganda, y con muchísima frecuencia ha conseguido que internacionalmente —que no tanto en el interior de la isla— se acepte como verdadero lo que dice ser en vez de lo que realmente es. Cuba ha sobrevivido con el sacrificio de los cubanos, y no solo los que padecen los rigores internos. Otra buena parte de ellos son los exiliados y emigrados, muchos repudiados como traidores, quienes envían remesas de dinero a sus familiares del interior para ayudarlos a resistir mientras que, al tiempo, constituyen un aporte que alivia las carencias financieras del sistema. Mantenerles la proa a todos ellos, a los que el régimen considera simples traidores y como tal los trata, es la prueba evidente de que el régimen cubano no tiene la menor intención de abrir una nueva etapa.

Muy probablemente, a mediano plazo, el mayor problema para el régimen castrista lo constituye la "Generación de los Nietos", prácticamente al margen del poder. Ellos y ellas, nacidos cuando el campo socialista se desmoronaba; ellos y ellas, que no tienen memoria de los considerados tiempos gloriosos de la guerrilla de la Sierra Maestra; ellos y ellas, en muchos casos con formación, pero sin perspectiva alguna de futuro; ellos y ellas, que piensan que no hay otra opción que huir de la isla, ya no se consuelan con el manoseado lema de "Socialismo o muerte". Son los de "Patria y vida", y ellos tendrán que construir el futuro de Cuba. Si lo que queda de aquella revolución que tantas ilusiones despertó en la década de los sesenta no se modifica sustancialmente, solo aguantará a base de represión y todavía más sacrificios de los cubanos del interior. Tras la desaparición de la Unión Soviética, los ya viejos guerrilleros decretaron el durísimo "Período Especial en Tiempo de Paz", y sus hijos o lo aceptaron con mayor o menor entusiasmo, o huyeron por donde pudieron. Hoy es impensable que los nietos de aquella revolución de los barbudos de verde olivo sigan comulgando indefinidamente con un régimen que hace mucho dejó de cumplir con las expectativas que había generado.

Se trata de las generaciones más jóvenes que han crecido bajo el sistema actual y que, a diferencia de sus abuelos o padres, no vivieron los inicios de la Revolución y sus promesas originales. Son aquellos que han nacido y crecido desde los años noventa en adelante, en un contexto de escasez, de falta de libertades y sufriendo un sistema político que perciben como estancado. No tienen la conexión emocional o ideológica con los ideales revolucionarios de muchos de sus abuelos. Para ellos, el lema "Patria o Muerte" o "Socialismo o

Muerte" pueden sonar vacíos o incluso opresivos, ya que asocian la "patria" y el "socialismo" con las dificultades diarias y la falta de oportunidades.

Para la mayor parte de "los nietos", "Patria o Muerte" es una consigna de otro tiempo, absurda. "Patria y Vida" conecta directamente con esta generación porque ofrece no solo una visión alternativa, sino que traslada una idea de esperanza. Dejar atrás la muerte y adentrarse en la vida, eso es lo que propone la consigna y la canción que la hizo famosa. Al reemplazar el "o muerte" por "y vida", sin renunciar a la identidad nacional representada en "Patria", la propuesta apela y sintoniza con la prosperidad, la libertad individual, las oportunidades y un futuro digno para los cubanos. Propone apartarse de una vez por todas del sacrificio perpetuo que la dirigencia revolucionaria sigue exigiendo como si no hubieran pasado más de seis décadas, y comenzar a construir un futuro en el que la Patria y la vida sean compatibles para todos.

"Patria y Vida" surgió como el título de una canción interpretada en febrero de 2021 por varios artistas: Yotuel Romero, Descemer Bueno, Gente de Zona, Maikel Castillo Pérez (Maykel Osorbo) y Eliecer Márquez Duany (El Funky). El título y la letra de la canción representan un clamor por la libertad, la justicia, los derechos humanos y un futuro mejor para Cuba. Dos de sus estrofas dicen así:

> "Hoy yo te invito a caminar por mis solares / Pa' demostrarte de que sirven tus ideales / Somos humanos, aunque no pensemos iguales / No nos tratemos ni dañemos como animales/
>
> Esta es mi forma de decírtelo / Llora mi pueblo y siento yo su voz / Tu cinco nueve yo, doble dos / Sesenta años trancado el dominó".

Otras dos, que no pueden ser más explícitas:

> "No más mentiras / Mi pueblo pide libertad, no más doctrinas / Ya no gritemos patria o

muerte sino patria y vida / Y empezar a construir lo que soñamos / Lo que destruyeron con sus manos /

Que no siga corriendo la sangre / Por querer pensar diferente / ¿Quién le dijo que Cuba es de ustedes? / Si mi Cuba es de toda mi gente".

Por si quedaba alguna duda:

"Seguimos en las mismas, la seguridad metiendo prisma / Esas cosas a mí como me indignan, se acabó el enigma / Ya sa' tu revolución maligna, soy Funky style, aquí tienes mi firma / Ya ustedes están sobrando, ya no le queda nada, ya se van bajando / El pueblo se cansó de estar aguantando / Un nuevo amanecer estamos esperando".

"Patria y Vida" se convirtió en el himno y la consigna central de las históricas protestas masivas que estallaron en Cuba el 11 de julio de 2021, en las que miles de personas salieron a las calles utilizando esta frase para expresar su descontento y exigir cambios. Además, la canción logró unir a cubanos dentro y fuera de la isla en torno a un objetivo común: la libertad. Se ha convertido en un símbolo de la resistencia tanto en Cuba como en la diáspora.

Fue y sigue siendo, obviamente, un desafío directo a la narrativa oficial y ha sido objeto de censura y represión por parte del gobierno. Cantarla o simplemente escribirla puede acarrear incluso penas de cárcel. De hecho, Maikel Castillo Pérez, el único de los autores que permanece en la isla, cumple 9 años de prisión desde el 18 de mayo de 2021. Tanto más cuando la pieza recibió reconocimiento internacional: dos premios Grammy Latinos en 2021 (Canción del Año y Mejor Canción Urbana), lo que visibilizó aún más la situación en Cuba, para disgusto del gobierno que antes de los premios ya había organizado una campaña interna en su contra: anunciaron que iban a premiarla en los Estados Unidos, como evidencia del ataque permanente del Imperialismo. Si no hubiera triunfado, el argumento, claro, hubiera sido que la burda maniobra imperialista había sido descubierta y desarticulada. Con mucha experiencia, el régimen de La Habana sabe hacer estas cosas.

No obstante, no conviene engañarse. La lucha por la libertad es más una consecuencia que una causa de las protestas de 2021, y del rechazo soterrado pero creciente que existe hoy en día en el interior del país hacia el régimen castrista. Lo que sacó a la gente a la calle el 11 de julio de 2021, y lo que el sistema político cubano enfrenta es la miseria, el desabastecimiento, los apagones, la precariedad de todo y de todos, los salarios y los precios de lo poco que hay en el mercado. Vigilados, castigados y expulsados, la oposición política no ha podido vertebrar esa desesperación, esa falta de futuro, especialmente para los jóvenes. Ausencia de esperanza, hartazgo de la propaganda del gobierno, consideración de traición ante cualquier crítica, y represión, mucha coerción del Estado ante el menor síntoma de disidencia o alejamiento de la línea que marca el Partido Comunista de Cuba. Sea como fuere, difícilmente los nietos de la revolución, esos que corean Patria y Vida, van a aceptar mansamente esa realidad de manera indefinida en la isla.

Habrá que estar muy atentos a cómo evoluciona el escenario internacional, cómo se desenvuelve Cuba en el sistema planetario del Sur Global, con el doble liderazgo de Moscú y Pekín; y habrá que seguir de cerca cómo sigue la presión de la caldera interna por el lado de los inconformes, si es que el Partido Comunista de Cuba y las Fuerzas Armadas no consiguen aliviar de forma efectiva las tremendas carencias que los habitantes de la isla han de superar cada día.